베트남
관광·비즈니스

VIETNAM
Tourism·Business

정수원 지음

책연
CHAEK YEARN

머리말

　ASEAN(동남아국가연합)은 '인도네시아, 싱가포르, 태국, 필리핀, 말레이시아, 브루나이, 베트남, 미얀마, 라오스, 캄보디아' 등 10개 국가의 경제·사회·정치·안보·문화를 위한 지역협력기구로서 총 인구는 약 6억 5천만 명이다. 또한 평균 노동연령은 낮고 값싼 노동력에 의한 생산중심시장에서 향후에는 소비중심시장으로써 성장할 전망 있는 매력적인 시장이다.

　지금까지 한국 기업은 국내의 임금상승과 협소한 국내시장으로 '세계의 공장' 또는 '세계의 시장'이라고 불리는 중국에 집중적으로 투자해왔다. 하지만 중국의 물가 상승과 인건비 상승, 외국인투자유치법의 잦은 변경으로 해외투자 기업들이 새로운 ASEAN의 신흥개발도상국(베트남, 캄보디아, 라오스, 미얀마)으로 생산기지를 이동하는 추세다. 최근 이들 국가는 외국인직접투자 유치 정책과 개혁·개방, 경제제재의 해제 등으로 외국인직접투자 기업이 다른 지역보다 활발하게 이루어지고 있다.

　특히 베트남은 남쪽의 월남과 북쪽의 월맹이 통일되었고, '도이모이정책'으로 개혁·개방을 통해 급속하게 발전하고 있어 일명 'Next China' 또는 'Post China', 'China + 1'으로 불릴 정도로 관심이 높은 국가다.

최근 베트남에 대한 한국 기업의 투자는 대기업을 비롯하여 중소기업까지 활발하게 이루어지고 있다. 따라서 베트남은 한국이 최대의 투자 국가가 되었다. 또한 베트남 정부의 관광지개발로 인하여 베트남을 여행하는 관광객도 나날이 늘어나고 있다.

본 저서는 30년 이상 ASEAN 국가에 대해서 관심을 가지고 현지 국가를 둘러보고, 연구하면서 조사한 자료를 참고로 정리하였다.

그리고 ASEAN 국가 중에서 캄보디아(캄보디아 관광 & 비즈니스)에 이어 두 번째 국가로 선택하여 집필하였다. 마지막으로 출판에 도움을 주신 관계자 여러분들과 도서출판 책연분들에게 감사를 드린다.

냉정골에서 저자

베트남
관광 · 비즈니스

목 차

- Ⅰ. 국가개요   7
- Ⅱ. 관광안내   43
- Ⅲ. 경제현황   131
- Ⅳ. 투자환경   161
- Ⅴ. 유익한 생활정보   215
- Ⅵ. 주요 도시 지도   247
- [참고문헌]

베트남
관광·비즈니스

Ⅰ. 국가개요

국가소개

국 명	베트남 사회주의 공화국 (Socialist Republic of Viet Nam)
위 치	인도차이나반도
면 적	330,967㎢ (한반도의 1.5배)
기 후	북부 : 아열대성 / 남부 : 열대몬순 (우기 : 5~10월 / 건기 : 11~4월)
수 도	하노이
인 구	약 9천556만 명 (2018년 현재)
통 화	동(VND:Vietnames Dong)
인 종	낑족(약 90%), 54의 소수민족(약 10%)
언 어	베트남어
행정구분	5개 직할도시 (하노이, 호치민, 다낭, 하이퐁, 껀터), 58성
종 교	불교(약 80%), 까오다이, 기독교, 이슬람교, 힌두교 등

지리

베트남은 인도차이나반도 동쪽에 있으며 북에서 남으로 약 1,700km의 길고 가늘게 생긴 국가다. 국토의 면적은 330,967㎢(한반도의 1.5배)로 북쪽에는 중국이 있고, 서쪽에는 라오스와 캄보디아를 인접하고 있다. 국토 전체 면적의 75%가 산악·고원지대로 형성되어 있다. 수도인 하노이는 아열대기후에 속하며 여름과 겨울은 기온차가 심하다. 남부의 호치민은 열대기후로 여름과 겨울의 기온차가 비슷하다. 메콩델타지역은 비옥한 땅을 가지고 있어 1년에 3모작이 가능하며 과일과 야채 재배가 잘되는 지역이다.

국기·국장

베트남 국기에서 빨강은 독립을 위해 국민이 흘린 피를 의미하며 황색별 5개는 사회주의를 상징한다. 빛나는 5개의 별모양은 노동·농민·군인·청년·지식인의 단결을 나타낸다.

국장은 가운데 빨간 배경에 금색별과 베트남의 번영을 상징하는 톱니바퀴가 있다. 아래에는 빨간 배너에 베트남어로 'Socialist Republic of Viet nam'이라고 쓰여 있다. 그리고 문장 전체에 벼이삭이 둘러싸고 있다

국기

국장

국가기구

베트남은 사회주의 공화국으로 정당은 공산당에 의한 1당 독재다. 헌법에도 공산당은 국가·사회에 있어서 유일한 지도세력이라고 명문화되어 있다. 공산당은 국가 조직과 독립하여 존재하고, 독자적 의사결정권을 가지며 전국대표자대회, 중앙집권위원회, 정치국으로 구성되어 있다.

국가 조직은 사회주의 정치제도인 민주집중제로 성립되어 있다. 민주집중 원칙으로 국민은 국회와 인민평의회의 결정에 따라 하급에서 상급으로 개인은 집단에 따르는 것이 원칙이다.

인종

인종은 대다수가 낑족에 54개 소수민족으로 구성되어 있다. 낑족은 대부분 평야에 거주하고 소수민족은 산악지역에 거주하고 있다.

국민성

베트남 국민성은 근면하고 손재주가 있는 것으로 알려져 있다. 북부는 품위가 있으며 중부는 근면 성실하고 남부는 화통한 성격을 갖고 있는 사람들이 많다. 또한 인근 ASEAN 국가와 피부색도 다르다.

모계(母系)사회

베트남은 모계 중심 사회로 여성은 생활력이 강하고 가정에 헌신적이다. 베트남은 농업사회지만, 오랜 전쟁으로 남성 대부분이 전쟁에 참가하여 여성중심사회가 되었다. 베트남 가정은 어머니 중심으로 일을 처리하며 가정을 운영해 나간다. 촌락사회에서는 주부를 '안주인'이라 부르며 여성의 지위를 존중한다. 베트남의 소수민족인 '에데족'은 결혼할 때 신부 집에서 사위를 데려오려고 시댁에 지참금을 지불하는 풍습이 있다.

행정구역

베트남 행정구역은 5개의 중앙직할시(하노이, 호치민, 다낭, 하이퐁, 껀터)와 까마우성, 까오방성, 홍옌성 등 58개의 성으로 구성되어 있다. 베트남은 북부, 중부, 남부지역으로 나눌 수 있다. 북부는 수도인 하노이와 하이퐁, 싸파, 타이응웬, 호아빈 등이 있고, 중부는 후에, 다낭, 호이안 등이 있다. 남부는 베트남 최대 상업 도시인 호치민과 비엔호아, 짜빈, 붕따우, 껀터, 쩌우독 등이다.

| 지역별 성 분포 |

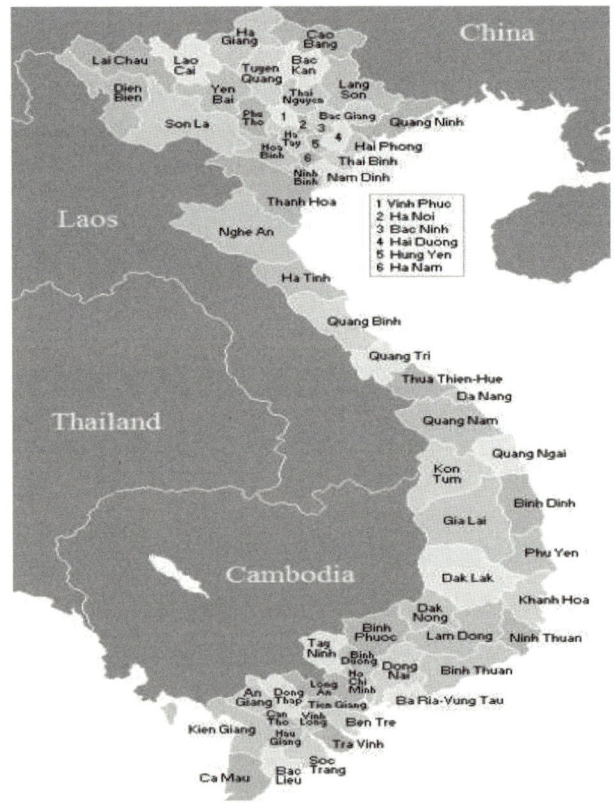

인구

베트남 인구는 2018년 약 9천556만 명으로 ASEAN 국가 중에서 인도네시아, 필리핀에 이어 3번째로 인구가 많으며 세계 인구 중에서 15위를 차지하고 있다. 도시 인구가 전체 인구의 1/3을 차지하며 인구는 계속 증가하여 곧 1억 명이 넘을 것으로 예측하고 있다. 남녀 인구의 비율은 젊은 층에서 거의 비슷한 수준을 보여주고 있다.

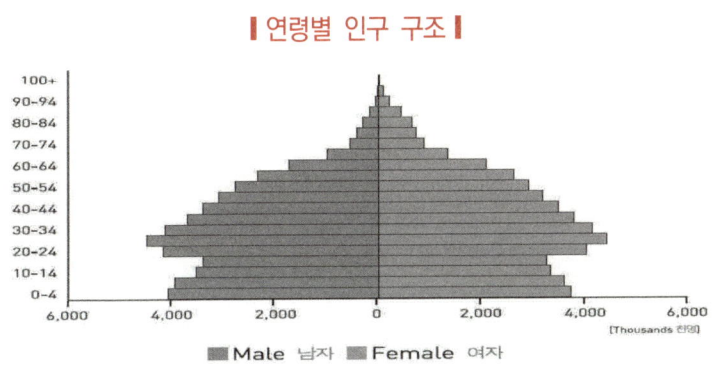

┃연령별 인구 구조┃

생산가능 인구

호치민 인구는 일자리가 많은 관계로 전국에서 제일 많고, 다음이 하노이다. 전쟁을 겪은 국가로 생산가능 인구는 당분간 지속적으로 증가할 것이며 젊은 층의 노동력이 풍부한 국가다.

❙ 총인구 및 생산가능 인구 (만명) ❙

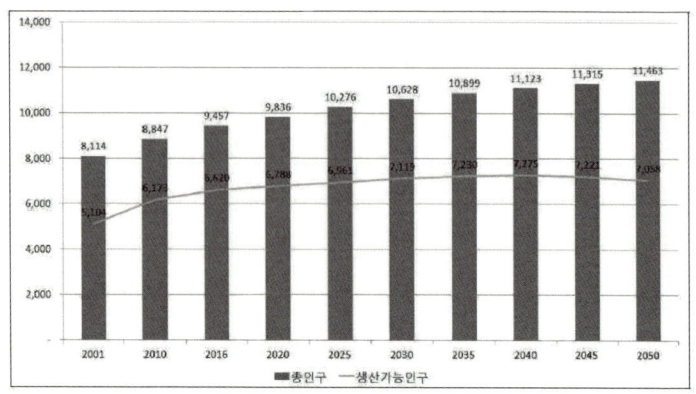

언어

베트남어는 낑족의 모어로서 공용어다. 북부, 중부, 남부에 따라서 발음의 차이가 있다. 최근 대도시에서는 영어, 프랑스어, 한국어, 일본어 등 외국어 사용이 활발하게 통용된다.

❙ 베트남어 ❙

A a a [ɑ]	Ă ă á [a]	Â â ớ [ə]	B b bê/bờ [b/ʔb]	C c xê/cờ [k]	D d dê/dờ [z]	Đ đ đê/đờ [d/ʔd]	E e e [ɛ]	Ê ê ê [e]
G g giê/gờ [ʒ/ɣ]	H h hắt [h]	I i i ngắn [i]	K k ca [k]	L l (e-)lờ [l]	M m (em-)mờ [m]	N n (en-)nờ [n]	O o o [ɔ]	Ô ô ô [o]
Ơ ơ ơ [ɣ]	P p pê/pờ [p]	Q q cu/quy [k]	R r (e-)rờ [z]	S s ét-si/sờ [ʂ]	T t tê/tờ [t]	U u u [u]	Ư ư ư [ɯ]	V v vê/vờ [v/j]
X x ích-xi/xờ [ʂ~ɕ]	Y y i dài/i-cờ-rét [iː]							

한국과 시차

베트남은 한국의 서쪽에 위치하며 한국과 시간 차이는 2시간으로 한국이 10시면 베트남은 8시다.

한국과 거리

한국과 거리는 약 3000km 전후로 한국의 서쪽 방향에 있으며 항공기로 약 5시간 걸린다.

┃ 한국-베트남 항공 일정 ┃

구간	편명	기종	운항요일	출발시간	도착시간
인천(ICN) -호치민(SGN)	VN409	B787-10 (19년10월2일~)	매일	10:15	13:30
호치민(SGN) -인천(ICN)	VN408	B787-10 (19년10월1일~)	매일	23:40	6:40+1
부산(PUS) -호치민(SGN)	VN423	B787-10 (19년 9월 1일~)	매일	10:00	13:05
호치민(SGN) -부산(PUS)	VN422	B787-10 (19년 9월 1일~)	매일	0:00	6:50

* 2019년 9월 현재 베트남항공 일정으로 변동 가능성 있음

기후

베트남은 계절풍 영향을 받는 몬순지대에 속해 북부와 남부의 기후 차가 심하다. 연 평균기온은 북부 23℃, 중부 24℃, 남부 27℃다. 북부는 아열대성 기후를 띠고 있어 비교적 사계절이 뚜렷한 편이나 봄과 가을이 짧다. 5~11월은 고온다습하며 12~4월은 날씨가 선선한 편이다. 열대성 기후를 띠는 남부는 우기와 건기가 뚜렷하다. 우기인 5~10월에는 열대성 소나기가 자주 내린다. 건기인 1~3월에는 비가 내리지 않고 무더위가 지속된다.

┃하노이 월별 기온┃

(단위 : ℃)

	1월	2월	3월	4월	5월	6월	7월	8월	9월	10월	11월	12월
일평균 기온	16.5	17.5	20.5	24.2	27.3	29.2	29.5	28.8	27.8	25.3	21.9	18.6
최저 온도	13.7	15.0	18.1	21.4	24.3	25.8	26.1	25.7	24.7	21.9	18.5	15.3
최고 온도	19.3	19.9	22.8	27.0	31.5	32.6	32.9	31.9	30.9	28.6	25.2	21.8

┃호치민 월별 기온┃

(단위 : ℃)

	1월	2월	3월	4월	5월	6월	7월	8월	9월	10월	11월	12월
일평균 기온	26.0	26.8	28.0	29.2	28.8	27.8	27.5	27.4	27.2	27.0	26.7	26.0
최저 온도	13.8	16.0	17.4	20.0	20.0	19.0	16.2	20.0	16.3	16.5	15.9	13.9
최고 온도	36.4	38.7	39.4	40.0	39.0	37.5	35.2	35.0	35.3	34.9	35.0	36.3

여행 최적 시기

베트남은 북에서 남으로 길게 되어 있어 지역에 따라 기온차가 심하다. 따라서 베트남을 여행할 때는 지역의 기온을 잘 파악하고 옷을 준비해야 한다. 여행에 적합한 시기를 보면, 북부는 11~12월, 중부는 2~3월, 남부는 11~3월이다.

베트남의 역사

베트남은 기원전 1000년경 북부지역에 청동기문화가 발전하였으며 고도의 벼 생산문화가 번성하였다. 베트남은 중국 고서에도 등장하면서 중국의 속국시대를 보냈다. 이후 중국에 저항하면서 독립을 이루었다. 이러한 독립의 역사가 베트남 민족을 강인하게 만들었다. 19세기 중반에 구미강국은 개국을 요청하였으나 거부하였다. 1858년 프랑스의 침공으로 베트남은 북부, 중부, 남부로 나누어 분할 통치되었다. 1887년에는 캄보디아, 1893년에는 라오스를 통합하여 프랑스 인도차이나연방을 탄생시켰다.

프랑스는 베트남의 쌀, 커피, 고무를 얻기 위해 통치하였으나 1930년에 호치민이 주도하여 인도차이나공산당을 탄생시켰다. 1954년 프랑스 식민지 지배에서 해방된 베트남은 이후 미국의 개입으로 남부에 베트남공화국을 성립시켰다. 약 20년간에 걸친 미국과의 전쟁을 치르면서 1975년 4월 30일 남베트남 정부가 항복하면서 베트남 전쟁은 종결되었다. 1976년에 남북통일선거를 통해 베트남 사회주의 공화국이 탄생하였다.

| 베트남의 역사 |

통화의 종류

베트남 화폐단위는 동(VND:Vietnam Dong)으로 지폐 단위는 500000, 200000, 100000, 50000, 20000, 10000, 5000, 2000, 1000, 500, 200 동이다. 지폐에는 호치민 주석 초상화가 인쇄되어 있다.

환전방법

베트남 화폐는 동(VND:Vietnames Dong)으로 환전을 할 때는 현지 공항, 호텔, 은행, 환전소 등에서 환전할 수 있다. 은행 환전을 제외하면 여권 없이도 가능하다. 비공식적으로 시중 금은방 등에서도 환전이 가능하며 환전 시 유의할 점은 미화 달러를 베트남 화폐로 환전하는 것은 자유로우나 베트남 화폐를 미화 달러로 많이 환전하는 것은 베트남 정부의 외환 규제 정책으로 일반인들에게는 어렵다. 베트남 화폐로 환전할 때 필요한 만큼만 하는 것이 좋다.

미화 달러의 경우 통화 액면에 따라 환율이 다르다. 100 달러 지폐의 경우 가장 높은 환율을 적용받고, 50, 20, 10, 5 달러로 내려갈수록 낮은 환율이 적용된다. 그리고 환전하는 곳에 따라 환율이 다르다.

※ 베트남 화폐를 한국 원으로 환산할 때 전체 금액에서 끝자리 0을 없애고, 1/2로 나누면 된다.
  예) 10000 동은 먼저 0을 제외하고, 1000을 1/2로 나누면 500 원이다.

신용카드 이용

베트남에서 신용카드사용은 아직 일반화되어 있지 않다. 하지만 대도시인 호치민과 하노이를 중심으로 카드 사용이 점차 확대되고 있다. 호텔, 고급 레스토랑 등에서는 카드결제가 가능하지만 안 되는 곳이 더 많다. 특히 소도시의 경우 카드사용이 어려워 현금을 소지해야 한다.

세금

세금은 기본적으로 부과하지만 현실적으로 여행객이 상품을 구입할 때는 세금 지불에 대한 부담을 느끼지 못한다. 여행객이 부가가치세(VAT)를 지불하는 것은 고급 호텔이나 레스토랑에서 느낄 수 있다.

※ 해외여행 시 세금환불을 받을 때 구입한 상품을 제시하여야 하는 경우가 있다. 구입한 상품을 항공화물로 발송하면 영수증이 있어도 인정을 하지 않아 세금환불을 못 받는 경우가 있다.

공항 정보

베트남을 대표하는 국제공항은 하노이의 '노이바이' 국제공항과 호치민의 '떤선녓' 국제공항으로 아시아와 유럽, 미주 등을 연결하고 있다. 다낭, 나트랑, 후에, 하이퐁, 추라이, 껀터 등에도 국제공항이 있지만, 취항하는 항공편이 적다. 각 지방 주요 도시를 중심으로 국내선을 연결하는 공항이 있어 항공 이동은 편리하다.

교통상황

베트남은 오토바이 천국으로 대도시의 경우 각 세대마다 2대 이상 소유하고 있는 가정이 많다. 따라서 오토바이는 베트남 국민의 발이나 다름없다. 최근에는 오토바이로 인한 대기오염으로 규제를 강화하려고 하지만 대신할 수 있는 대중교통 수단이 없다.

한편 시내는 자동차 증가로 교통정체가 심하며 교통질서 수준은 최악이다. 안전모를 착용하지 않은 무면허 운전자가 많아 교통사고로 인한 사망자도 매년 증가하고 있는 실정이다.

버스

시내에는 버스가 운행되고 있으나 노선이 부족하며 운행시간을 잘 지키지 않아 이용하기가 불편하다. 요금은 거리에 따라 다르다.

택시

베트남에서 외국인에게 가장 편리한 대중교통 수단은 택시다. 최근 택시는 그랩(Grab)을 이용할 수가 있어 매우 편리하다. 요금에 대한 트러블도 없으며 안전하게 목적지까지 이동할 수 있다. 하지만 사기 택시를 이용하면 외국인에게 혼란을 주고 있기 때문에 절대 이용해서는 안 된다. 특히 택시 이용객이 많은 공항이나 시내 쇼핑센터 앞에서 호객행위를 하고 있는 택시는 주의해야 한다. 비교적 안심하고 이용할 수 있는 택시는 Mai Linh택시(38 38 38 38 번호 표시)와 VINASUN 택시(38. 27 27 27 번호 표시)가 있다.

항공

베트남은 국내선을 이용하여 각 지방으로 이동이 가능하다, 호치민과 하노이 구간은 하루에도 여러 차례 있어 이동이 편리하지만 다른 지방으로 운항하는 항공편은 적은 편이다.

호치민 떤선녓공항 국내선 노선

항공사	편명	취항지역
젯스타퍼시픽항공	BL	부온마투옷, 추라이, 달랏, 다낭, 동호이, 하이퐁, 나트랑(냐짱), 타잉호아, 투이 호아, 빙, 꾸이년, 하노이, 후에
비엣젯항공	VJ	부온마투옷, 추라이, 달랏, 다낭, 동호이, 하이퐁, 하노이, 후에, 나트랑(냐짱), 푸꾸옥, 쁠래이꾸, 꾸이년, 타잉호아, 빙
베트남항공	VN	부온마투옷, 달랏, 다낭, 동호이, 하이퐁, 하노이, 후에, 나트랑(냐짱), 푸꾸옥, 쁠래이꾸, 꾸이년, 라익지아, 타잉호아, 빙, 까마우, 추라이, 껀다오, 투이호아
뱀부 에어웨이스항공	QH	하노이, 하이퐁, 꾸이년, 타잉호아, 번돈, 빙

하노이공항에서 시내까지 이동

베트남 수도 하노이 노이바이공항은 하노이 중심에서 약 40km 떨어져 있으며 자동차로 40분정도 걸린다. 베트남에서 2번째로 큰 국제공항이었으나 2014년 국내선의 E동 확장 및  국제선 신청사를 완공하여 현재는 베트남에서 가장 큰 공항이다. 택시는 하노이공항에서 출구로 나오면 정류장이 있어 이용하면 된다. 시내까지 멀어 버스와 비교하면 요금이 비싸다. 시내버스는 86번 버스를 가장 많이 이용하고 있다. 86번 버스는 노이바이공항 국제선

터미널을 나와 왼쪽 택시 승강장 건너편에서 탑승하면 된다. 배차 간격은 약 30분이며 1시간 내외에 하노이 시내까지 간다. 짐을 놓는 공간도 있으며 영어가 통하는 기사와 영어 안내 방송도 한다. 버스가 불편하면 공인된 회사택시를 이용하면 된다.

후에공항에서 시내까지 이동

후에 푸바이공항은 후에 도심에서 남동쪽으로 약 15km 떨어진 곳에 있으며 자동차로 10~20분정도 걸린다.
1935년 군용 기지로 최초 설립되어 미군과 프랑스군이 사용하였으며 1975년 민간 운항을 시작하였다.
취항하는 항공사로는 베트남항공, 제트스타퍼시픽항공, 베엣젯항공, 뱀부 에어웨이스항공 등 총 3개사가 있다. 현재는 국내선 노선만을 운항하고 있으며 하노이와 호치민을 왕복운행하고 있다. 공항에서 시내까지 이동은 회사택시를 이용한다.

다낭공항에서 시내까지 이동

다낭공항은 시내 중심에서 서쪽으로 약 2km 떨어져 있으며 자동차로 10~20분정도 걸린다. 공항시설은 2개의 활주로가 있으며 다낭공항은 시내로 가는 일반버스가 없기 때문에 공인된 회사택시를 이용하면 된다.

호치민공항에서 시내까지 이동

베트남 최대 도시 호치민에 있는 '떤선녓공항'의 이용승객은 베트남 최대이며 청사 면적은 '노이바이공항'에 이어 두 번째로 규모가 크다.

시내 중심에서 공항까지는 약 8km정도 떨어져 있으며 교통정체가 없으면 자동차로 20분정도 걸린다. 시내까지 이동은 버스를 이용하거나 택시를 이용한다. 택시는 '그랩(Grab)'을 사용해도 되고, 공인된 회사택시를 이용한다.

열차이용

주요 철도노선은 하노이를 기점으로 4개의 철도노선이 있으나 중심이 되는 노선은 하노이와 호치민 구간이다. 하노이에서 호치민을 연결하는 철도노선을 '통일철도'라고 부른다. 운행 중에는 각 지방을 통과하기 때문에 열차를 이용한 관광도 가능하다.

| 거리 및 열차 소요시간 |

목적지	거리	소요시간
나트랑(냐짱)	412Km	7시간 40분
다낭	935Km	16간 30분
후에	1,038Km	19시간 40분
돈보이	1,205Km	22시간 50분
하노이	1,726Km	33시간

주 : 호치민 출발 기준

장거리 버스이용

버스를 이용하면 저렴한 요금으로 장거리 이동이 가능하다. 또한 베트남인들과 교류 할 기회도 있으며 많은 짐을 이동하는데 적합하다. 버스는 국내 이동뿐만 아니라 인근 국가인 프놈펜까지도 갈 수 있다. 한국의 금호고속이 호치민과 프놈펜 구간에 버스사업을 하고 있다. 하지만 버스터미널은 시내에서 떨어져 있어 이용이 불편하고, 이동할 때는 가방 등 소지품 분실에 주의해야 한다.

화장실

대도시에서는 호텔과 레스토랑에서 화장실을 사용할 수 있지만 외곽에서는 사용하기가 어렵다. 공원에서는 유료화장실을 사용해야 한다. 화장실에는 화장지가 없는 경우가 많아 항상 화장지를 지참해야 한다.

음료수

베트남에서는 검증되지 않은 물을 마시면 안 된다. 음료수는 마트에서 미네랄워터를 구입하여 마시는 것이 좋다. 거리에서 판매하는 얼린 음료수는 수돗물을 받아 얼려서 판매하는 경우도 있으니 주의해야 한다.

전압·플러그

한국은 220V·60Hz 2구의 전압을 사용하지만 베트남에서는 220V·50Hz 3구를 사용한다. 한국에서 사용하는 전기제품을 그대로 베트남에서 사용할 수 있다. 하지만 베트남은 전력이 불안정하여 전자기기가 고장 날 수 있다. 플러그는 납작한 핀형과 둥근 핀형이 있는데 모두 사용할 수 있다. 일부 110V를 사용하는 곳도 있어 겸용제품이면 더욱 편리하다.

전화사용

한국에서 베트남으로 전화를 할 때 베트남의 국번은 84번이며 지역번호에서 0을 생략한다. 베트남에서 한국으로 전화 할 때는 국제전화 국번인 82에서 0을 생략한 지역번호와 수신자 전화번호로 걸면 된다.

∥ 한국에서 베트남으로 국제전화 하는 방법 ∥

한국 ▶ 베트남 국번(84) ▶ 시내번호 0을 생략 ▶ 상대 전화번호

∥ 베트남에서 한국으로 국제전화 하는 방법 ∥

베트남 ▶ 한국 국번(82) ▶ 시내번호 0을 생략 ▶ 상대 전화번호

우편이용

편지나 엽서를 보낼 때 주소 끝이나 앞에 영어로 'KOREA'라고 표기하면 안전하다. 항공우편인 경우 'AIR MAIL'을 표기한다. 우체국은 기본적으로 07:00~20:30까지 운영하지만, 지역에 따라 근무시간이 다르기 때문에 주의가 필요하다. 한국으로 우편을 보낼 때는 EMS를 이용할 경우 4~5일이 소요되며 항공우편은 10~14일이 소요된다.

인터넷사용

한국의 PC방처럼 시내 곳곳에 인터넷 카페가 있다. 인터넷 카페에서 노트북이나 휴대폰으로 인터넷을 이용할 수 있다. 고급 호텔은 투숙객에 한해 객실이나 호텔 내부의 비즈니스센터에서 무선 LAN 이용이 가능하다. 호텔의 경우 프런트에 문의 하면 ID 등 상세한 내용을 알려준다.

치안상태

사회주의 국가인 베트남은 강력한 경찰 조직을 통해 양호한 치안상태를 유지하고 있지만 대도시에서는 오토바이를 이용한 날치기가 많아 길거리에서 휴대폰 사용은 피하고 가방은 잘 소지해야 한다. 그리고 어두운 밤길을 혼자 다니는 것은 주의하는 것이 좋다.

도이모이(doimoi)정책

베트남어로 '변경한다'는 뜻의 '도이(doi)'와 '새롭게'라는 의미의 '모이(moi)'가 합쳐진 용어로 '쇄신'을 뜻한다. 1986년 베트남 공산당 제6차 대회에서 제기된 개혁·개방 정책의 슬로건으로 국가발전을 지속적으로 추진한다는 것이다. 이후 1991년 제7차 대회에서 '도이모이정책'이 재인식되어 1992년에 헌법이 개정되면서 탄력을 받았다.
구체적인 경제정책은 다음과 같다.
① 농민에 대해서 생산청부제에 따라 과잉생산물에 대한 자유로운 매매를 인정한다.
② 중앙집권적인 계획경제와 보조금제도를 폐지하고, 국유기업의 자주적인 경영을 촉진한다.
③ 개인경영의 경제활동을 인정한다.

이러한 쇄신결과, 1992년부터 2000년까지 9년간 베트남의 평균 경제성장률은 7.7%로 고도의 성장률을 기록하였고, 무역액도 6배나 증가하였다. 또한 국내총생산에서 차지하는 농업부분은 40%에서 25%로 저하하였고, 공업부분은 24%에서 34%로 상승하였다.

연도별 대외관계현황

년 도	외교활동
1991년 11월	중국과 국교정상화
1994년 2월	미국의 베트남에 대한 경제 제재 해제
1995년 5월	EU와 경제협력조인
1995년 7월	미국과 국교정상화
1995년 7월	ASEAN 가입
1998년 11월	APEC 가입
2007년	WTO 가입
2008년	UN 아보리 비상임이사국 피선
2010년	ASEAN 의장국 수임
2017년	제25회 APEC 정상화담 개최(베트남 다낭시)

한국과 협력관계

한국과 베트남은 '전략적 협력 동반자 관계'를 맺고 ① 교역 천억 달러 달성 협력 ② 소재부품산업 협력 ③ 교통 및 인프라협력 ④ 건설 및 도시개발협력 ⑤ 4차 산업혁명 대응협력 ⑥ 고용허가제 등 6개 분야에서 협력관계를 가지고 있다.

한편 한국과 베트남은 1992년 12월 국교 수립 이후 27년간 양국은 정치·외교·경제·통상·사회·문화 등 다방면에서 교류와 우호적인 협력관계를 맺어왔다.

한국-베트남 외교관계

년 도	외교활동
1992년 4월	양국 연락대표부 설치 합의
1992년 8월	주 베트남 연락대표부 설치
1992년 10월	주한 베트남 연락대표부 설치
1992년 12월	양국 외교관계 수립과 대사관 설치
1993년 11월	주 호치민 총영사관 설치

한국과 인적교류

2018년 베트남 국민의 해외여행지는 아시아지역이 88.3%로 가장 많고, 이어서 유럽, 미주, 남태평양지역이다. 아시아지역에서 중국, 태국, 라오스, 캄보디아, 싱가포르가 상위 5개국에 속한다. 그리고 한국은 2015년 이후 베트남의 경제성장과 한류, 그리고 한국 축구에 대한 관심으로 인하여 매년 방문객은 증가하고 있다.

베트남 국민의 한국 방문객

구 분	2015년	2016년	2017년	2018년
방문객 수(명)	162,765	251,402	324,740	457,818
성장률(%)	15.0	54.5	29.3	41.0

주 : 근로자, 결혼, 유학생 포함
자료 : 관광지식정보시스템 입국통계, 2019년

국경일

베트남은 국경일이 적다. 그 중에서도 구정은 새로운 한 해를 맞이하는 명절로 최대의 관심이 있는 경축일이다.

국경일

국경일	이 름	설 명
1월 1일	신정 (New Year's Day)	새해의 첫 날
2월 4-8일	구정 (Lunar Lew Lear Lolidaysr)	베트남 최대 명절로 음력 1월 1일을 기준으로 앞뒤 수일간 휴일임
4월 14일	흥왕기념일 (Hung Kings Commemorations Day)	베트남의 시조인 흥왕의 기일 날
4월 30일	해방기념일 (Victory Day)	남부 베트남 해방을 기념하는 날
5월 1일	노동절 (Labour Day)	노동자들의 노고를 위로하는 공휴일
9월 2일	건국기념일 (National Day)	1945년 호치민이 바딘광장에서 독립을 선언한 날

주 : 2019년 기준

휴일과 오락

베트남은 어디를 가더라도 커피숍과 노래방이 있다. 커피숍은 노천 및 에어컨이 있는 곳이 있으며 밤과 낮에 상관없이 항상 복잡하다. 노래방은 나이트클럽처럼 대형으로 운영하고 있는 곳이 많다. 최근에는 여성을 고용하여 이색적인 카페를 운영하는 곳도 등장하고 있다.

아오자이

'아오자이'는 베트남의 민속의상인데, 현재는 여성이 입는 긴 옷을 가리킨다. '아오'는 '윗도리'를 뜻하며 '자이'는 '길다'를 의미한다. 이름처럼 아오자이는 윗도리가 긴 옷으로 허리 부분이 잘록하게 들어가고, 허리 밑으로 윗도리가 길게 늘어지는 것이 특징이다. 남성용 아오자이는 남성이 결혼이나 전통의식을 치를 때 입는다. 아오자이는 18세기 청나라에서 들어온 '치파오'가 기원으로 베트남의 더운 날씨 때문에 얇은 천으로 만들게 되었다. 현재의 아오자이처럼 몸매를 드러내는 디자인은 프랑스 식민지 시대에 개량된 것이다. 몸에 꼭 맞게 입는 아오자이 때문에 베트남 여성 대부분이 날씬한 몸매를 유지한다. 일반적으로 흰색과 베이지색 등 밝은 색은 주로 젊은 여성이 입으나 검은색이나 진한 색 아오자이는 나이 많은 여성이 입는다.

베트남 이야기

베트남 화폐

베트남 화폐에 호치민 초상화가 그려져 있다. 호치민은 1890년 베트남 중부 호앙쭈(Hoang Tru)라는 작은 마을에서 출생하였다. 본명은 응웬 닷 탕(Nguyen Tat Thanh)이다. 어린 시절 어머니가 사망하고 농민 출신인 아버지는 관직에서 면직되면서 경제적으로 빈곤한 생활을 이어갔다. 그러다 1911년 바(Ba)라는 가명으로 프랑스 증기선 아미랄 라투슈 트레빌호의 요리사로 근무하며 3년 이상 여러 국가를 여행하였다. 1914년부터 1917년까지는 영국 런던 등지에서 밑바닥 인생을 전전했으며 이런 경험을 통해 시야를 넓히고 사고를 성숙시키는 데 큰 도움이 되었다. 이후 1919년 제1차 세계대전이 끝나면서 프랑스 파리에 정착하였다. 그곳에서 정원사, 웨이터, 청소부 등으로 일하며 '응우옌 아이 꾸옥'이란 이름으로 사회주의 운동을 시작하였다. 호치민은 베트남을 통일시킨 사람으로 베트남에서는 영웅으로 우대하여 베트남의 제2도시인 사이공도 지금은 호치민으로 명칭을 바꾸었다.

한편 미국의 화폐는 베트남과 다르게 1달러에는 죠지 와싱턴, 2달러에는 토머스 제퍼슨, 5달러에는 링컨 초상하가 그려져 있다. 한국의 경우에는 1,000원에 퇴계 이황선생 초상화가 그려져 있고, 5,000원에는 율곡 이이선생, 10,000원에는 세종대왕, 50,000원에는 신사임당 초상화가 그려져 있어 국가마다 화폐에 그려진 초상화가 다르다.

비자정보

일반 관광비자 신청은 입국 예정일로부터 6개월 이상 유효한 여권을 소지해야 하고, 체류기간은 15일간 무비자로 베트남에 체류할 수 있다. 단, 귀국 항공권 또는 제3국행 항공권을 꼭 지참해야 한다. 관광비자로 입국한 여행객은 출국 후 1개월 이내에 다시 베트남에 입국할 수가 없어 연장 체류를 희망한다면 체류기간 만료 최소 3일 전(최초 베트남 입국일 기준 12일 이내) 각 지방 출입국 관리사무소 또는 하노이/호치민 출입국 관리국에 구비 서류(여행사의 신원 보증서 및 여행일정표, 체류 기간 만료 시점 이전에 출국하는 일정의 귀국 항공권 사본)를 준비해서 신청하면 된다.

베트남 무비자 조건

베트남에 무비자로 입국하기 위해서는 아래의 조건을 충족해야 된다.
- 대한민국 국적의 여권 소유자
- 여권의 잔존 유효기간이 6개월 이상 남아있을 것
- 15일 이내에 베트남에서 한국 혹은 제3국으로 출국하는 교통권 (항공권, 버스 승차권 등)
- 베트남에서 지정된 입국 금지 대상자가 아닌 경우
- 입국하기 전에 베트남을 출국할 때부터 30일 이상 지난 경우

※ 출국 후 30일 이내에 재입국을 원할 경우 비자를 받고 입국해야 한다.

팁 제도

베트남에서는 일반적으로 팁이 없으며, 호텔이용 시 방에 팁을 놓거나 포터, 레스토랑 종업원에게 팁을 줘도 상관이 없다. 팁은 고객이 서비스에 대한 고마움을 느꼈다고 생각할 때 주면 된다.

특산품과 선물

베트남 여행을 하고 귀국 시 선물은 베트남을 상징하는 특별한 특산품인 전통의상인 아오자이, 자수제품, 칠기제품, 베트남 모자, 커피, 과자, 노니 등이 있다.

※ 선물구입은 공항이 시중보다 비싸고, 다양하지 않아 시내에서 미리 구입하는 것이 좋다.

출입국 시 주의사항

여권이 찢어지거나 사진이 떨어지는 등 여권이 훼손된 경우 입국을 엄격히 금지한다. 면세 범위는 주류 22도 이상 1.5리터, 22도 이하 2리터, 맥주 등 알코올음료 3리터, 담배 궐련 400개비, 엽궐련 100개비, 잎담배 500g, 차 5kg, 커피 3kg까지다.
또한 미화 5000 달러 이상 소지한 경우에는 반드시 세관에 신고해야 한다. 신고하지 않을 경우 세관에 압수될 수 있으며 은행 예치나 출국 시에도 신고서를 제시하지 않으면 반출이 안 된다.

※ 입국수속 하는데 e-ticket이 없으면 입국이 안 된다고 돈을 요구하는 경우가 종종 있으니 출력하여 가져간다. 특히 폰에 저장해도 인정을 안 한다.

질병

해외여행 하면서 가장 어려운 점은 질병에 걸리는 것이다. 해외여행 (출장포함)을 할 경우에는 비상약을 준비하고, 해외여행자보험에 가입하는 것이 안전하다. 현지에서 걸린 병은 한국에서 치료가 안 되는 경우가 있어 현지에서 치료하는 것이 좋다.

말라리아 (Malaria)

말라리아는 말라리아균을 가진 모기가 옮기는 질병을 말한다. 다만 산악 지역이나 국경 등에서는 감염의 우려가 있다. 말라리아균은 체내에 들어오면 잠복기가 있으며 발병 후에는 오한과 고열 증상이 나타나고 열이 올랐다가 내리는 상태가 계속 반복된다. 심할 경우 목숨을 잃을 수도 있다. 말라리아 예방약은 부작용이 있으므로 반드시 의사와 상담을 받아야 처방받을 수 있다.

또한 미리 예방하는 약으로 여행 전 및 여행 중에 계속 복용한다. 만약 말라리아 예방약을 복용하지 않고 감염 지역을 여행하게 되는 경우라면 모기에 물리지 않도록 모기 퇴치제를 사용하거나 긴 옷을 입어야 한다.

에이즈 (AIDS)

정확한 통계는 없으나 베트남에서도 에이즈는 사회적인 문제로 대두되고 있다. 에이즈는 주로 성 접촉이나 혈액 등에 의해 전염되므로 현지인과의 비상식적인 신체 접촉은 피하는 것이 좋다. 그러나 에이즈는 전염병은 아니므로 일반적인 생활에서는 감염의 위험성은 없다.

광견병 (Rabies)

광견병(공수병)은 발병 시 치사율이 높은 질병으로 동물(특히 개)에게 물리거나 긁힌 뒤 몇 주간의 잠복기를 거쳐 나타난다. 국내에서와 달리 베트남이나 태국을 비롯한 ASEAN 국가에서는 거리를 돌아다니는 동물(개, 고양이 등)에게 절대 손을 대지 않는 것이 좋다. 베트남 일부 지역에서는 개를 풀어놓고 키우는 경우가 많으며 낯선 사람에게는 위협이 된다.

A형 간염 (Hepatitis A)

A형 간염은 음식이나 식수(음료) 중의 바이러스로 감염되거나, 또는 이미 감염된 사람과 접촉함으로써 전파된다. 주로 동남아시아에서 많이 발생하지만 최근에는 국내에서도 발생하고 있다. 38도가 넘는 발열과 권태감이나 구토 등의 증상이 있다. 잠복기는 평균 1개월로 귀국 후에 발병하는 경우가 있다. 장기체류를 할 경우에는 백신을 접종하는 것이 좋다. 예방 접종을 하지 않은 경우에는 음식이나 식수를 조심하도록 한다. 특히 생수의 경우 상표가 없는 제품보다는 편의점(마트)과 같은 곳에서 판매하는 안전한 제품을 구입하는 것이 좋다.

이질, 콜레라, 티푸스

음식이나 물에 의해 감염된다. 이질의 잠복기는 수 시간에서 3일이고 설사, 발열, 복통 등의 증상이 있다. 콜레라의 잠복기는 1~5일이며 심한 설사를 하게 된다. 때로는 구토를 하지만 복통, 발열은 거의 없다. 티푸스의 잠복기는 1~3주로 발열과 배, 가슴에 분홍색 발진이 나타난다. 이들 세 질병은 법정 전염병으로 귀국할 때 격리되어 입원 치료를 받아야 한다.

뎅기열 (Dengue fever)

말라리아와 마찬가지로 모기에 의해 감염되는 질병이다. 뎅기열로 인하여 사망한 사례도 가끔 있어 주의해야 한다. 잠복기는 5~7일 정도로 말라리아와 비슷한 증상이 나타나며 손발에 풍진과 같은 발진이 나타난다. 그러나 예방약이 없으므로 말라리아보다 더 위험하다.

(a) 뎅기열(Dengue fever)은 갑작스런 발열과 함께 뒤따르는 전신 증상 또는 반점성 피부발진을 동반하는 급성 열성 질환이다. 심한 근육통을 동반하기 때문에 'Breakbone Fever'라고 알려져 있다. 발열은 이상성(두개의 분리된 발열 양상)으로 나타날 수 있다. 대부분의 환자는 수일 경과 후 회복된다.
(b) 뎅기 출혈열(Dengue Hemorrhagic fever)은 급성 발열과 뒤따라 혈소판 감소증, 혈관 투과성의 증가 및 출혈 경향으로 발생하는 다른 증상을 동반한다.
(c) 뎅기 쇼크 증후군(Dengue Shock Syndrome)은 환자들의 일부에서 발병되는 형태로 즉각적인 의료적 처치가 필요한 심한 저혈압이 발생하며 적절한 처치가 없는 경우 환자의 40~50%는 사망하고, 적절한 처치가 이루어진 경우에는 사망률은 1% 미만이다.

기생충

베트남을 비롯한 동남아시아 지역에서는 음식물 등에 의한 기생충 감염 위험이 있다. 민물고기나 돼지고기 등을 먹을 때에는 날로 먹지 말고 반드시 익혀먹는 것이 좋다. 그리고 ASEAN 국가에서는 주혈흡충증의 위험이 있으므로 담수에서 수영하는 것은 피하는 것이 좋다. 예방접종은 따로 없지만 기생충 예방약을 복용하는 것도 좋은 방법이다.

조류독감

조류독감(조류인플루엔자)은 조류에 서식하는 인플루엔자 바이러스에 의한 독감을 말하며 사람도 이에 감염되어 사망할 수 있다. 2005년 전후부터 베트남을 비롯한 ASEAN 국가뿐만 아니라 전세계적으로 문제가 되고 있다. 따라서 관련 음식물 섭취에 주의해야 한다. 다만 특정 온도 이상에서는 살균된다고 하므로 익혀서 먹는 것이 좋다.

베트남
관광 · 비즈니스

Ⅱ. 관광안내

하노이지역

하노이는 베트남의 수도이자 1000년 이상의 역사를 가지고 있는 도시다. 베트남 정치의 중심 도시로서 호치민과 비교하면 경적적인 측면에서 많이 떨어져 있지만 베트남의 향기를 느낄 수 있다. 하노이는 북쪽으로 중국과 가까운 도시로서 '라오까이'를 통과하여 중국 운남성까지 갈 수 있다. 동쪽으로는 유명한 '하롱베이'가 있고, 서쪽으로는 소수민족이 살고 있는 사파가 있어 주변지역의 관광지를 둘러보기에 편리하다.

하노이는 한자로 하내(河內) 즉, '강 안쪽의 도시' 또는 '강 사이의 도시'라는 뜻이다. 홍 강(Song Hong)이 하노이를 끼고 흐르고 있으며 우기가 되면 홍 강이 자주 범람했다고 하여 붙여진 이름이다. 하노이는 홍 강을 따라 쭉 뻗어 있고, 홍 강에 놓인 롱 비엔(Long Bien) 다리와 쯔엉 드엉(Chuong Duong) 다리가 외곽 지역과 하노이를 연결한다.

호안끼엠호수

하노이의 심장부로 통하는 이 호수는 남북으로 길게 늘어져 있다. 전설에 의하면 15세기 여(黎) 왕조를 세운 레 로이가 호수에서 건진 검으로 명나라 군사를 물리치고 베트남을 지켰다고 한다. 전쟁에 승리한 후 보트를 타고 호수를 순회하는 중 황금색 거북이가 호수 아래에서 올라와 검을 물고 돌아갔는데, 이후 거북이가 그 검을 호수의 주인에게 돌려줬다고 하여 호안끼엠이라고 부르게 되었다.

호치민 생가

1969년까지 호치민이 실제로 거주했던 생가로 호치민의 집무실, 서재, 침실 등이 남아 있고, 호치민이 직접 만든 연못, 사용했던 서재, 책상, 침실, 시계 등 호치민의 흔적을 볼 수 있다. 집의 안에 들어갈 수는 없지만 주변을 둘러보거나 밖에서 안을 들여다 볼 수는 있다.

호치민 묘

하노이에서 가장 유명한 관광지 중에 하나인 호치민 묘는 1975년 베트남의 건국 기념일에 맞춰 건축되었다. 묘 전체가 대리석으로 되어 있으며 연꽃의 모양을 참조하였다. 호치민의 묘 안에는 실제로 베트남 민족의 영웅 '호치민'의 유체가 밀랍 상태로 보존되어 유리 케이스에 들어있다. 매일 베트남 전국에서 많은 사람들이 호치민 묘을 보기 위해 방문하고 있다.

호치민 박물관

호치민 묘 옆에 있는 흰색의 멋진 건물로 1990년 5월 19일 호치민 탄생 100주년을 기념하여 만들어진 박물관이다. 구소련 레닌 박물관의 전문가가 설계하고, 내장을 담당하였다. 호치민 생가모형, 애용품 등을 전시하여 혁명의 발자취를 한눈에 볼 수 있다.

역사 박물관

이전에는 프랑스와 아시아 미술품을 전시하던 곳이었지만 1958년부터 베트남의 역사에 관한 물품만 전시하고 있다. 2000년 미국 클린턴 대통령의 방문을 계기로 내장을 수리하였으며 넓은 2층에는 석기, 도자기, 공예품 등을 전시하고 있다.

군사역사 박물관

실제로 전쟁에 사용한 무기, 전차 등을 전시하고 있는 곳으로 전쟁의 참상을 보여주고 있다. 1975년 사이공 해방 전투에서 호치민 작전의 상황을 스크린과 모형을 사용하여 보여주고 있다. 실외에는 전투기 등 여러 가지 전시물이 있다.

소수민족 박물관

1997년 11월 개관한 베트남 54개 소수민족의 생활과 문화, 역사 등을 주제로 하여 만든 박물관으로 9개의 전시관으로 나뉘어져 있다. 소수민족이 사용한 의상, 식기, 생활도구, 농기구 약 1만 5000점이 진열되어 있다. 공연시간을 잘 맞추어 가면 베트남 악기 연주와 수상인형극도 구경할 수 있다.

미술 박물관

근대미술에서 문화적 예술작품까지 다양한 시점에서 미술작품과 자료를 전시하고 있다. 정면에 있는 건물 1층에서는 청동기를 중심으로 한 고고학 관점, 불교적 관점의 작품을 전시하고, 2층과 3층에는 그림을 중심으로 한 근대미술작품이 있다. 또한 다른 건물에서는 베트남 중부 고원에 사는 소수민족의 목각상을 전시하고 있다.

공군 박물관

다른 박물관과 비교하여 규모가 크지만 외국인 관광객은 별로 없다. 박물관 뜰에는 구소련제 미그기와 정찰기, 구조용 헬기 등 다양한 종류의 항공기가 즐비하게 전시되어 있다. 비행기 위로 올라가서 볼 수도 있고, 내부에는 베트남 전쟁 당시 베트남군과 미국 공군이 사용한 전투 용품이 전시되어 있다.

여성 박물관

외부 세력의 침입에 강력히 대항한 베트남의 주요 인사들이 여성이었을 정도로 베트남 여성의 사회 참여 역할은 유구한 역사를 간직하고 있다. 이러한 베트남 여성의 활약상을 전시해 둔 곳이 여성 박물관이다. 특히 박물관 입구에 3.6m의 높이로 우뚝 선 여성 동상은 베트남 여성을 대변한다. 오른손은 바닥을 향해 쭉 펴고 있는데, 이는 모든 난관을 극복할 수 있다는 상징적인 의미다. 왼손은 자신의 어깨에 있는 아이를 받치고 있다.

혁명 박물관

프랑스 통치 때 세무서로서 사용되었으며 관내는 방이 여러 개로 나누어져 있다. 1층과 2층은 전시실로 이용되고 있으며 무기, 훈장, 뱃지 등이 전시되어 있다. 19세기 중반부터 현재까지 혁명과 역사를 연대별로 소개하고 있다.

공안 박물관

베트남 공안의 옛것과 현재를 소개한 박물관으로 1945년 공안조직 발족에서 현대까지의 역사를 연도별로 소개하고 있다. 프랑스군 스파이와 미국 중앙정보국(CIA) 스파이와 싸움을 소개하고, 공습에 대비한 공안의 활약을 알 수가 있다. 공안관련 사진을 많이 전시하고 있으며 연대별로 제복과 뱃지의 변천에 대한 실물을 볼 수 있다. 각종 공안관련 기념품도 판매하고 있다.

호아로 수용소

19세기 말에 프랑스에 의해 건설된 수용소다. 이 수용소는 백만 제곱미터에 달할 정도로 거대하다. 1953년에는 2000명 이상이 수용되었

다고 한다. Dien Vien Phu 전투로 인하여 프랑스군이 패한 이후 폐쇄된 호아로 수용소는 베트남 전쟁 때 다시 베트남 인민군의 수용소로 사용되었다.

옥선사

1865년에 건립된 옥선사는 호안끼엠호수에 있는 작은 섬에 있으며 사당 내부에는 아름다운 모습을 볼 수 있다. 옥선사는 빨간색 다리를 건너 갈수 있고, 입구 문기둥엔 복과 연이라는 큰 글자가 적혀있다. 그리고 1968년에 호수에서 잡은 길이 2m, 무게 250Kg의 대왕 거북이 박제가 놓여 있다.

쩐꿕사

쩐꿕사는 과거 베트남 이남 황제(554~548년)시대에 황제 본가의 주변에 건축된 베트남에서 가장 오래된 절이다. 17세기경 지금의 하노이로 이동시켜서 쩐꿕사로 부르게 되었다. 오래된 사원인 만큼 사원의 내부에는 관세음보살, 관우 등 수많은 신을 모시고 있다.

문묘

1070년 공자의 위패를 모시기 위해 만들어진 묘로서 1076년 경내에 베트남 최초의 대학이 개설되었다.
1779년까지 약 700년간 많은 학자와 정치 지도자를 배출하였다. 이후 증축과 개축이 이루어졌고, 내부에는 많은 건물이 존재하고 있다.

오페라하우스

프랑스 통치시대인 1911년에 파리의 가르니에극장을 모방하여 건축한 극장이다. 오페라하우스는 하노이에 있는 프랑스 건축물중의 하나다. 현재도 오페라와 콘서트, 연극 등의 장소로 이용되고 있지만 견학을 위한 일반 공개는 하지 않는다. 오후 9시부터 종료시간까지 조명이 켜져 낮과 다른 모습을 보여주고 있다.

성 요셉성당

프랑스가 하노이를 점령한 것을 기념하기 위해 세운 성당으로 서구양식과 베트남 양식이 혼합된 형태의 건축물이다. 성당 입구와 창문

등은 파리의 노트르담 성당과 같이 스테인드 글라스로 장식하였다. 내부의 주요 문양은 베트남 방식의 전통에 노란색과 붉은색을 사용하였다. 성당 앞에는 왼손으로 아기 예수를 안고, 오른손에는 십자가를 든 마리아상을 볼 수 있다.

인형극장

하노이 관광에서 꼭 가야할 곳이 탕롱 인형극장이다. 수중에 숨긴 줄을 이용하여 인형을 움직이게 해서 보는 베트남 특유의 인형극이다. 인형을 수중에서 자유롭게 움직이게 하는 인형극은 언어를 모르더라도 인형의 코믹스러움을 이해할 수 있다. 지금은 세계 여러 무대에서 상연하는 전통 예능으로 성장하였다.

하노이 구시가지

하노이 구시가지의 역사는 2000년 전으로 거슬러 올라간다. 하노이를 수도로 한 레 왕조가 창건될 당시만 하더라도 구시가지는 뱀과 악어가 서식하는 늪지대였다. 이후 쩐(Tran, 陳) 왕조시기에 들어 하노이를 중심으로 무역을 하는 중국 상인과 이들을 따라온 예술가들이 현재의 구시가지를 중심으로 소규모 가게를 열고 상업지역을 형성하였다.

기찻길 마을

하노이 중심부 근처에 좁은 기찻길을 사이에 두고 현지인들이 생활하고 있는 곳이다. 안쪽에는 관광지와 주거지가 복합적으로 이루어져 이색적인 관광지로 잘 못하면 위험할 수도 있지만 기차가 많이 운행되는 곳이 아니기 때문에 시간을 잘 맞추어서 이동하고 있다. 카페에 앉아 여유롭게 커피도 마실 수도 있고, 주변 사람들의 생활 모습과 문화를 볼 수 있다. 하지만 최근에는 안전을 위해 출입을 통제하고 있다.

롯데센터 하노이

하노이의 랜드 마크인 롯데센터는 1층~6층까지는 백화점, 8층~31층까지는 오피스, 33층~64층은 롯데호텔로 되어 있으며 전망대도 운영하고 있다. 그리고 전망대에서는 하노이 시내를 가장 잘 볼 수 있는 곳으로 가족단위 관광객들이 많이 찾고 있다. 하노이 롯데센터는 65층에 높이는 267m로 초고층 빌딩이다.

맥주거리

하노이 맥주거리는 도심 중앙에 있는 호안끼엠호수에서 도보로 5분정도 거리에 있다. 밤이 되면 여러 국가에서 온 외국인 관광객들이 모여들며 입구부터 작은 테이블과 목욕탕 의자가 분주하게 널려져 있어 길을 가로막고 있다. 이곳에서는 외국인 관광객과 현지인들이 모여 맥주를 마시는 모습을 쉽게 볼 수 있다.

동쑤언시장

하노이에서 재래시장은 구시가지에 있는 동쑤언시장이다. 이곳에서는 가방, 신발 등 모든 잡화를 판매하고 있어 하노이 사람들의 생활상을 한 눈에 알 수 있다.

땀꼭

땀꼭은 기이한 지형으로 유명하다. 하노이에서 남쪽으로 100km 지점에 있으며 10세기경 베트남 왕조의 수도였다. 육지의 하롱베이로 불릴 정도로 경관이 뛰어난 지역으로 땀꼭은 세 개의 동굴을 노 젓는 배를 타고 왕복 2시간에 갔다 올 수 있다.

박하

박하는 베트남 북부에 있는 작은 마을로 중국과 국경을 마주하고 있는 라오까이를 기준으로 왼쪽에는 고산족 마을인 사파가 있고, 오른쪽에는 화몽족이 모여 사는 박하가 있다. 박하는 한자어인 북하(北河)를 베트남어로 발음한 것으로 '강의 북쪽'이라는 의미다. 박하시장에서는 소수민족의 전통적인 민예품을 판매하고 있어 관광객들에게 인기가 있다.

사파

베트남의 고원 피서지로서 중국의 운남성과 접하고 있으며 여러 소수민족이 살고 있다. 고원의 작은 마을에서는 주말에 큰 시장이 열리고, 밤에는 소수민족의 젊은 남녀의 노래도 들을 수 있다. 계단식 전답은 이곳의 특유한 모습을 보여주고 있어 최근에는 많은 여행객이 이곳에 몰려들고 있다.

하롱베이

세계문화유산으로 등록되어 있는 베트남 유일의 자연 풍경을 볼 수 있는 곳으로 해면 밖으로 솟아오른 석회질의 기암절벽을 볼 수 있다. 배를 타고 주변을 관람하며 바다에서 생선을 맛 볼 수 있도록 판매도 하고 있다. 선상에서 판매하는 생선회는 가능한 먹지 않는 것이 좋다.

후에지역

후에는 '평화의 도시'라는 뜻으로 딴 호아로 불렸으며 구엔 왕조(1802 ~1945)의 도읍지가 있던 도시다. 따라서 후에는 왕조 때의 사찰, 유적지, 왕궁 등이 남아 있다. 150년 동안 수도 역할을 하면서 다양한 역사와 문화가 혼합된 조용한 도시로 베트남전쟁 당시에는 북베트남군과 미국·남베트남군이 이곳에서 격렬한 전투를 벌였다. 현재 후에는 세계문화유산으로 등록되어 있으며 조용한 시골 동네의 풍경을 보여주고 있다.

후에 여행은 시내관광과 시외관광으로 나누어진다. 후에 시내에는 박물관, 왕궁, 사원 등이 있어 문화적, 예술적으로 가치가 대단히 높다. 후에 시외에는 과거 베트남을 지배했던 왕의 무덤들과 DMZ, 베트남의 세계자연유산 중의 하나인 '퐁냐케방국립공원'이 있다. 가장 인기가 있는 후에 관광지는 후에 왕궁으로 1993년 베트남 최초의 세계문화유산으로 등록된 건축물이다.

후에 왕궁

1805년 자롱 황제의 명에 의해 건설되기 시작하여 1832년 민망 황제 때 완성되었다. 왕궁은 흐엉 강 북쪽을 향하고 있다. 면적은 5.2km2이며 프랑스 건축가인 바우 반(Vauban)의 설계에 따라 프랑스식과 베트남식 건축방식이 혼합하여 건축되었다.

카이 딘 왕릉

왕릉 중 가장 잘 알려진 카이 딘 왕릉은 고딕양식과 불교의 영향을 받은 인도양식이 조화를 이루고 있다. 바닥은 세계 곳곳에서 만들어진 꽃병이나 도자기의 깨진 조각을 이용하여 모자이크 방법으로 장식하였다.

궁전 박물관

박물관에는 미술품과 왕족의 애용품이 전시되어 있으며 유감스럽게 황실에서 사용하던 많은 유물들은 베트남전쟁 때 많이 소실되었다. 하지만 황제부부가 사용하던 의상은 당시의 화려한 황실생활을 보여주고 있다. 건물은 1845년 궁전의 일부로 건축되었으나 1923년부터 박물관으로 재개장되어 사용하고 있다.

티엔무 사원

1601년 건축된 티엔무 사원은 베트남 역사에서 상징적인 건축물의 하나다. 사원에 위치한 7층에 21m 높이의 8각형 탑에는 각 층마다 불상이 배치되어 있다. 탑의 뒷면에는 한자로 탑에 대한 상세한 설명이 적혀 있다.

민망 황제릉

후에에 있는 3개의 유명한 왕 무덤중 하나다. 1840년부터 3년에 걸쳐 건축된 이 묘는 중국의 영향을 받아 건축되었다. 작은 왕궁을 보는듯한 건축양식이 매우 인상적이다. 내부에는 아름다운 정원과 호수가 있다.

다낭 주변지역

다낭

베트남에서 4번째로 큰 대도시이자 중부에 위치한 다낭은 나트랑(나짱)과 더불어 아름다운 해변과 리조트로 유명한 휴양지다. 세계 6대 해변으로도 선정된 '미케비치'를 비롯하여 8종류의 크고 작은 해변이 있다.

다낭은 한때 북베트남의 사이공이라 불릴 만큼 경제적으로 번창했던 곳으로 베트남전쟁 당시 미군기지다. 19세기경에는 프랑스 식민 정부의 중요 항구였다. 현재의 베트남 영역을 갖추기 이전인 고대 시기에는 참 족의 근거지였던 역사적인 곳이다. 휴양지로 유명한 도시인만큼 하노이처럼 관광지가 그다지 많지는 않다. 시내중심 관광은 하루나 이틀이면 모든 관광을 마칠 수 있기 때문에 주로 다른 유적지와 시외 관광지를 방문하는 방법도 있다.

바나힐

중세 프랑스의 거리를 재현한 테마파크로 2013년 다낭 교외에 오픈한 바나힐(Ba Na Hills)은 다낭을 대표하는 관광 명소다. 바나힐 리조트에는 호텔, 110개의 레스토랑과 다양한 어트랙션 시설이 갖춰져 있다. 특별한 이벤트나 공연이 시간대별로 열리기 때문에 방문객에게 특별한 경험을 하게 한다.

다낭 대성당

1923년 프랑스 통치시대에 건축된 성당으로 다낭의 상징이다. 평상시에는 닫혀있지만 일요일 미사 시에는 많은 지역사람들이 모여 안에 들어갈 수도 있다. 영국에서 시작된 네오 고딕양식으로 건축되었으며 외벽은 연한 핑크색으로 칠해져 있다.

참 조각 박물관

참 조각 박물관은 2세기부터 17세기까지 베트남의 중남부를 지배했던 참파 왕국의 유물들이 전시된 다낭의 관광 명소다. 프랑스의 미술사학자이자 고고학자인 Henri Parmentier의 주도하에 1915년 주로 개인 소장품을 위주로 한 박물관이 건설되면서 지금의 참 조각 박물관의 역사가 시작되었다.

미케비치

다낭을 방문하는 관광객이 한 번 정도는 방문하는 곳으로 다낭을 대표하는 해변이다. 미국의 유명 경제 잡지 포브스(Forbes)에서 선정한 세계 최고의 해변 베스트 6에 당당히 포함되었다. 또한 호주 Herald Sun 신문에서 선정한 세계에서 가장 인기가 있는 아시아 비치 Top 10에 선정되기도 하였다.

용 다리

다낭에서 촬영되는 수많은 사진은 주로 용 다리나 Song Han 다리를 배경으로 촬영되었다. 다낭의 고급 호텔들은 용 다리가 보이는 전면에 있다. 2013년에 완공된 용 다리는 다리 전체가 용의 형상으로 디자인된 점이 가장 큰 특징이다.

5사단 박물관

5사단 박물관은 미군과 접전을 벌였던 북베트남 5사단의 활약상을 기리기 위해 1982년 조성되었다. 박물관 뜰에는 비행기, 탱크, 전차, 야포 등을 비롯해 5사단이 노획한 프랑스와 미국제 군수 물자를 전시하고 있다. 내부 전시실은 12개관으로 나누어져 있으며 1945년부터 2001년까지 5사단의 활약상을 생생히 보여 주고 있다.

오행산

오행산은 다낭 시내에서 차로 약 20분 거리에 있다. 베트남인들의 민간 신앙을 대변하는 산으로 물, 나무, 금, 땅, 불을 상징하는 5개의 봉우리로 되어 있다. 산 전체가 대리석이기 때문에 마블 마운틴이라고 부른다. 물을 상징하는 투이 선(Thuy Son)이 핵심으로 산속 동굴에 불상을 모시고 있다. 석단에는 전망대가 있다. 논 느억(Non Nuoc)마을과 산 전체를 조망할 수 있다.

한 시장

한 시장은 다낭 최대 규모의 종합시장으로 외국인 관광객이 많이 모여드는 재래시장이다. 육류, 생선, 과일 등 식료품부터 꽃, 비단 등 의류와 외국인 관광객이 선물구입과 베트남인의 서민 문화를 체험할 수 있다. 이외에도 재래시장으로 꼰 시장이 있다.

콩 카페

다낭시내에 있는 진한 녹색의 '콩 카페(CONG CAPHE)'는 다낭을 여행하는 관광객은 한 번쯤 들리고 싶어 한다. 너무나 유명하여 많은 사람들로 붐벼 커피를 마시기 위해 기다려야 하는 경우도 종종 있다. 2층으로 된 카페는 외관이 베트남이 아닌 색다른 분위기를 보여준다.

호이안지역

호이안

다낭에서 남동으로 30km떨어져 있는 호이안은 작은 마을로 일찍이 외국 무역상들의 출입이 빈번하던 국제항구 도시로 중국, 인도, 이슬람 등 해상교역의 중심지였다. 16~17세기에는 일본의 무역상도 이 지역을 방문하였다. 이러한 이유로 호이안은 도시 자체가 유럽과 중국, 일본 등 여러 나라를 압축시킨 것 같은 느낌을 주는 건축물로 가득하다. 성수기에는 1000여명의 일본인이 머물렀다고 한다. 올드하우스라고 불리는 전통가옥은 호이안을 방문하는 많은 관광객들에게 매력을 주고 있다.

호이안 거리

1999년도에 세계문화유산으로 등록된 호이안은 과거 후에 왕조 시절에 대표적인 항구 도시였다. 이후 점차 발전하여 유럽과 아시아를 잇는 통로구실을 하였다. 그 당시 서양과 일본, 중국에서 온 상인들이 모여들면서 서양문화와 아시아문화가 공존하며 발전하였다.

도자기무역 박물관

도자기무역 박물관은 베트남 전통 건축 기법으로 건축되었으며 앞마당과 작은 곁방이 어우러진 2층 건물이다. 중국, 일본, 인도, 아랍 등에서 바닷길로 들어온 430개 이상의 도자기들이 전시되어 있다.

딴 끼 가옥

게 껍데기 모양으로 천장을 꾸민 일본식 건축기법과 곳곳에 쓰인 한자는 중국의 건축기법이 어우러진 호이안의 전형적인 고가(古家)다. 집 뒤쪽에 강이 있고, 과거에는 호이안에 머무르던 외국 상인들이 잠시 투숙했다고 전해지고 있다. 현재 이 집을 지은 7대 후손이 거주하고 있으며 능숙한 영어와 불어로 관광객들에게 상세한 설명도 해준다.

일본인 무덤

호이안 근교에 야지로베와 마사이라는 두 명의 일본 상인 무덤이 있다. 1647년 사망한 야지로베 무덤은 시멘트로 마감되어 있다. 고인의 고국을 그리워

하는 마음을 기리기 위해 무덤은 일본이 있는 동북쪽 방향을 바라보고 있다.

재래시장

호이안은 작은 마을로 자전거로 한 바퀴 돌면 마을 끝이 보일정도로 규모가 작은 관광지다. 세계유산으로 등록이 되어 있어 개발이 제한되어 있기 때문에 쇼핑을 할 수 있는 대형마트는 찾아볼 수 없는 대신 마을에 있는 재래시장을 볼 수 있다.

내원교

6세기말 호이안지역은 중국의 무역상들 뿐만 아니라, 일본의 무역상들도 자주 드나들던 도시다. 일본인들이 거주하고 있던 마을과 교류를 위해 건설한 다리로 내원교는 낮보다 밤이 더 화려하다. 그 이유는 화려한 조명들과 함께 감상할 수 있기 때문이다.

안방비치

호이안의 안방비치는 야자수로 만든 파라솔 아래에 누워서 휴식을 취하기에 매우 좋은 곳이다. 특히 서양 여행객들에게 인기가 매우 많기 때문에 이들을 대상으로 한 레스토랑과 Bar가 많다.

조주회관

호이안의 조주회관은 1845년에 중국의 차오저우 시에서 횡안으로 건너온 중국인에 의해 바람과 파도의 신을 기리기 위해 건설되었다. 이 회관의 주인이라 할 수 있는 신들은 언제나 그들에게 행운을 가져다준다고 믿고 있다. 중국에서 호이안까지 바다를 항해할 때 도움을 준다고 믿어 밤에 조주회관을 방문하여 신들에게 제사를 지내기도 하였다.

풍흥의 집

풍흥의 집은 과거 19세기 중엽 풍흥이라는 무역상이 자신의 상점으로 사용하기 위해 건축한 건물이다. 검은 갈색빛의 목조건물로 중후한 분위기를 나타내고 있으며 현재 8대째 후손이 살고 있다. 토산품을 판매하는 상점으로 사용 되고 있으며 호이안 구시가지에서 가장 오래된 건물이다.

밤 문화

세계문화유산으로 지정된 호이안은 낮보다 화려한 밤의 풍경을 자랑한다. 과거와 현재가 공존하는 호이안의 밤은 낮과는 확연히 다른 모습 때문에 관광객들이 몰려든다. 저녁이 되면 등불이 켜지며 화려한 호이안의 시간이 시작된다.

나트랑지역

'나트랑' 또는 '냐짱'으로 불리는 이곳은 과거 프랑스 식민지 시절 휴양지로 개발되어 지금은 베트남에서 가장 유명한 휴양지 중 한 곳이다. 끝없이 펼쳐진 해변과 하얀 백사장이 있는 나트랑은 베트남 최고의 리조트시설이 들어서 있으며 베트남을 찾는 외국인이 가장 많이 방문하는 도시다.

나트랑은 주로 내륙과 바다, 두 곳으로 나누어 관광할 수 있다. 나트랑의 자랑거리인 해변, 그리고 8세기경 나트랑을 지배했던 참파 왕국의 유적지와 베트남에서 유일한 야외온천이 있는 탑바온천 등 다양한 관광명소가 있다.

특히 나트랑은 리조트 및 해양스포츠가 상당히 발달하여 스피드보트, 윈드서핑, 제트스키 등 많은 종류의 해양스포츠를 즐길 수 있고, 신선한 해산물을 저렴한 가격에 맛볼 수 있다.

나트랑 대성당

나트랑 대성당은 1934년에서 건설된 프랑스 고딕양식의 카톨릭 성당이다. 낮은 언덕에 건설된 나트랑 대성당은 나트랑 기차역에서 가까운 곳에 위치하고 있다.

담 재래시장

담 재래시장은 나트랑에서 제일 큰 시장으로 라탄가방과 라탄소품 등을 구입할 수 있다. 또한 시장에서 아오자이를 구입할 수 있고, 건조한 열대 과일이나 생과일도 저렴하게 판매하고 있다.

롱선사

롱선사는 나트랑에서 해변을 제외한 가장 인상 깊은 관광지 중의 하나다. 기차역에서 약 500m 떨어진 거리에 있어 버스나 기차를 통해 나트랑을 방문했다면 가장 먼저 만나 볼 수 있는 관광지로 1889년에 건축되어 여러 차례 보수공사를 거쳐 지금의 모습이 되었다. 본당 안에는 태국으로부터 선물 받은 연꽃에 둘러싸인 불상이 있다.

포나가 참 사원

9세기에 세워진 참파 왕국의 사원으로 현존하는 참파 왕국의 유적으로 가장 오래되었다. 보나가라는 것은 10개의 팔을 가진 여신을 의미하며 지금도 여신을 참배하는 사람들이 많이 모여들고 있다.

나트랑 비치

베트남을 대표하는 해변이라면 나트랑을 빼놓을 수 없다. 7km에 걸쳐 넓게 펼쳐진 하얀 백사장은 깨끗하게 잘 정돈되어 있으며 도로와 이어진 산책로와 야자수, 벤치와 놀이기구가 있다. 나트랑은 1년에 300일 이상이 맑고 쾌청하여 햇빛을 피할 수 있는 야자수 파라솔이 널려있다.

빈펄랜드

빈펄랜드는 나트랑에 있는 테마파크로 워터파크, 놀이동산, 동물원, 수족관 등 각종 체험들을 해 볼 수 있는 곳으로 전용 보트를 타고 섬으로 들어간다. 이곳은 시간적인 여유를 가지고 휴식을 취할 수 있는 곳으로 유명하다.

답파온천

답파온천은 나트랑에서 빼놓을 수 없는 유명한 관광지로써 여행에서 쌓인 피로를 온천욕으로 풀 수 있는 곳이다. 온천욕은 천연 진흙을 사용하여 나무통 안에서 온천의 맛을 즐길 수 있다. 나트랑 중심지의 북쪽에 위치하고 있으며 수영장, 마사지, 레스토랑, 호텔 등 부대시설이 잘 갖추어져 있다.

무이네지역

무이네는 시민들을 위한 한적한 휴양지로 호치민에서 자동차로 약 4시간이 소요된다. 길이 약 10km에 이르는 긴 해변을 따라 소규모 리조트호텔, 레스토랑 등이 들어서 있으며 파도가 거칠고 높아서 서핑을 하거나 바다를 바라보며 휴식을 취하기에 적합하다.
부근에 있는 '피싱 빌리지(Fishing Village)'에서는 둥근 바구니처럼 생긴 전통 배 '퉁'과 그물로 물고기를 건져 올리는 베트남 사람들의 고기잡이 모습을 볼 수 있다. 무이네에서 남쪽으로 약 5km 떨어져 있는 곳에는 지름 약 2~3km 규모의 모래언덕(Sand Dune)이 있다. 사막과 같은 풍광과 일출과 일몰의 아름다움으로 유명하고, 무이네 바닷가 계곡 안쪽에 있는 요정의 샘, 리틀 그랜드 캐니언 등도 명소로 알려져 있다.

무이네사막

무이네의 특이한 볼거리로는 거대한 모래 언덕이다. 사막이 아닌 초원의 한가운데 위치한 이 모래 언덕은 사진작가들을 매혹시키는 장소이기도 하다. 모래 언덕은 두 곳으로 모래색이 흰색인 화이트 샌듄(white sand dunes)과 모래색이 노란  색인 옐로우 샌듄(yellow sand dunes)이 있다. 모래 언덕에서 도구를 사용하여 모래썰매를 탈수 있다.

무이네 선녀샘

붉은 모래와 석회암으로 이루어진 바위 틈 사이를 흐르는 작은 시냇물이다. 신발을 벗고 얕은 시냇물을 따라 40분 정도 올라가면 미니 폭포가 있다. 폭포와 모래가 어우러져 멋진 풍경을 자아내는 곳으로 유명하다.

달랏지역

안남산맥 남쪽 끝 해발고도 1400~1500m의 람비엔 고원지대에 있으며 베트남의 경제중심지 호치민에서 북동쪽으로 305km 떨어져 있다. 구릉지대로서 소나무 숲이 울창하게 우거져 있다. 기후가 일 년 내내 18~23℃ 정도로 쾌적하다. 7~10월에 비가 많이 오며 연간 강수량은 1750mm다. 근교에서는 토양이 기름져 채소·과일·차·고무 등의 온대작물을 재배한다.

20세기 초 프랑스가 지배할 때 휴양지로 개발되었으며 현재는 신혼여행지로 각광받고 있다. 주택은 기복이 많은 언덕 위에 프랑스식 빌라가 많다. 시내에는 소나무 숲으로 둘러싸인 둘레 약 5km의 스언흐엉 호수가 있으며 호치민과는 고속도로로 이어지고 남중국해 연안의 항구 판랑과는 철도로 통해 있다.

사랑의 계곡

다티엔호수는 소나무와 평온한 언덕으로 둘러싸여 사랑의 계곡으로 유명하다. 달랏시내에서 북쪽으로 5km 정도 떨어진 사랑의 계곡은 달랏 학생들의 데이트 코스로 인기가 있다. 가벼운 등산 코스도 있고, 승마와 보트를 즐길 수 있다.

크레이지 하우스

달랏 중심가의 남쪽에 있으며 베트남의 유명한 건축가이자 베트남 두 번째 대통령의 딸인 'Dang Viet Nga'가 설계한 건물이다. 전통적인 건축방식에서 탈피하여 자유 분망하게 구성되어 있으며 정글과 같이 여러 통로가 있다. 1층은 갤러리로 이용하고 있다.

쑤언흐엉 호수

비가 많이 오는 우기에는 홍수가 많이 발생하여 이를 방지하기 위해 1919년 프랑스가 베트남을 지배하던 시절에 댐을 만들면서 생긴 인공호수로 둘레는 6km다. 이곳에서는 산책을 즐길 수도 있어 주민들의 휴식처로 인기가 있다.

플라워가든

1966년에 조성되었으며 규모는 약 11ha에 달한다. 미모사, 장미수국 등 달랏에서 자라는 300여종의 꽃을 감상할 수 있고, 스트리트 카를 이용하여 가든 전체를 둘러볼 수도 있다. 또한 달랏의 명물인 달랏와인의 대형 조형물도 전시되어 있다.

용복사

깨진 그릇이나 유리 조각으로 장식되어 일명 베자이(쓰레기) 사원이라고 부른다. 사기 조각으로 외관을 장식하였으며 사찰 안에는 4.9m의 석가모니 금불상이 모셔져있다. 사찰을 구경하면서 천당과 지옥을 체험할 수 있어 죄를 뉘우치면서 살아가야한다는 교훈을 주는 곳이다.

호치민지역

호치민은 베트남 전쟁이 끝나기 전 1975년까지 남베트남의 수도로서 사이공으로 불리었으나 통일 이후 민족 지도자 호치민의 이름을 따서 호치민으로 불리게 되었다 호치민은 베트남 최대의 상업도시로서 최근 외국자본의 유입으로 인하여 하루가 다르게 발전하고 있다. 세계 각지에서 관광객과 비즈니스를 위해 많은 사람들이 찾고 있다.

전쟁 박물관

베트남전쟁 때 사용했던 전투기와 전차 등을 야외에 전시하고 있다. 실내에는 대포, 폭탄, 보도사진 등을 전시하고 있으며 전쟁의 참혹한 모습을 알 수 있다. 또한 고엽제로 희생된 사람들의 모습도 볼 수 있다.

통일회당

독립궁전 등 2번에 걸쳐 명칭이 바뀌었고, 현재 국빈을 맞이하거나 회의를 개최하는 장소로 이용되고 있다. 통일회당은 역사적인 사건이 자주 발생한 건축물로 남부 베트남 공군이 당시 대통령을 살해할 목적으로 포탄을 2발 투하
한 사건도 있었다. 하지만 실패로 건물 왼쪽만 파괴되었다. 통일회당을 방문해 보면 포탄이 투하된 부분을 빨간색으로 표시되어 있다.

노트르담 대성당

프랑스가 1877년부터 1883년까지 6년간에 걸쳐 지은 호치민을 대표하는 성당이다. 건물외관은 로마네스크양식으로 프랑스 식민지 지배 당시 건축자재를 모두 프랑스에서 가져온 붉은 벽돌로 지은 성당으로 하나하나 정교하게
쌓아 만들어졌다. 40m나 되는 2개의 첨탑은 붉은 벽돌과 어울려 아름다운 건축을 자랑하고 있다.

오페라하우스

1897년에 건축된 건물로써 하얀색의 대리석과 입구를 받치고 있는 두 명의 비너스상이 특징인 이 건물은 과거에 호치민에 거주하던 프랑스 사람들을 위해 오페라하우스로 건축되었다. 이후 남베트남의 정부 건물(국회의사당)로 사용되었다. 현재는 다시 오페라하우스로 사용되고 있다.

벤탄시장

호치민 시내에서 유명한 관광지로 외국인 관광객이 많이 찾는 가장 큰 시장이다. 벤탄시장은 6시까지만 영업을 하고, 이후에는 야시장이 열린다. 야시장에서는 주로 먹거리, 의류, 잡화, 기념품을 판매하고 있다.

호치민 시청

호치민에 거주했던 프랑스인을 위한 공회당으로 사용되었으며 1908년에 지어진 건축물이다. 프랑스의 시청을 본떠 디자인한 것으로 100년이 지난 지금 호치민 시청 건물로 이용하고 있다. 하얀 대리석의 아름다움은 호치민에 남아있는 프랑스 건물 중에서 매우 화려함을 보여주고 있다.

중앙우체국

19세기말 프랑스 통치시대에 지어진 장엄한 건물로 내부는 체육관같이 넓고, 아치형의 높은 천정과 정면 안에는 호치민의 초상화가 걸려 있다. 호치민 시내의 최대 우체국으로서 국내 및 해외 우편업무를 취급하고 있다.

역사 박물관

1979년에 건립되었으며 베트남 고대에서 근대에 이르기까지 미술품이 전시되어 있다. 전시품 중에는 국보급도 전시되어 있다. 전시관은 제1관과 제2관으로 나누어져 있으며 제1전시관에서는 원시시대와 공산당 탄생 전까지의 역사를 전시하고, 제2전시관에서는 베트남 남부의 소수민족과 주변 국가의 문화를 전시하고 있다.

호치민 기념관

19세기 후반에 세워진 건물로 원래는 선박회사 건물이었다. 1911년 호치민이 21세 때 여기서 상선을 타고 프랑스에 유학을 떠났다는 이야기가 있다. 내부에는 호치민의 생애를 알 수 있는 사진과 애용품 등이 전시되어 있다. 러시아어, 중국어, 영어로 번역된 옥중일기 자료를 볼 수 있다.

다이아몬드 플라자

호치민 중심가에 있으며 포스코가 건축한 호치민시 랜드마크 빌딩이다. 현재 백화점, 사무실, 레스토랑으로 사용하고 있다.

메콩델타

베트남의 젖줄로 불리는 메콩강은 중국, 라오스, 미얀마, 태국, 캄보디아를 거쳐 최종 목적지인 베트남에 이른다. 세계에서 10번째로 긴 강인 메콩강은 베트남 남부의 삼각주 미토, 껀터, 카이베 등 베트남 최대의 곡창지대와 수상시장을 만들어 주고 있다.

미토

1860년대 프랑스가 베트남에 식민지 전쟁을 도발했을 때 미토는 사이공(호치민)과 함께 주요한 전략적 도시였다. 미토는 호치민과 가깝기 때문에 메콩강 삼각주의 전통적인 관문으로 베트남 남부지역에서 가장 큰 상업의 중심

지다. 미토의 관광은 메콩 크루즈로서 모터가 달린 목조선을 타고 정글을 구경하면서 여러 섬을 들린다.

껀터

메콩델타의 최대 도시로서 경제의 중심이고, 교통의 요충지이기도하다. 농업연구로 유명한 껀터대학이 있어 도시는 밝고 활기가 넘친다. 껀터에서는 신선한 해산물과 과일, 야채를 판매하는 수상시장을 둘러볼 수 있다. 손으로 배를 젓는 여성의 모습에 물론 메콩강

과 함께 살아가는 사람들의 모습은 강하게 보인다.

구찌터널

호치민 시내에서 서북으로 약 70km 떨어진 곳에 있으며 남베트남 민족해방전선의 무대가 되었던 터널이다. 구찌터널로 인해 미군이 베트남에 패전했다고 한다. 어둡고 좁은 공간에서 미군에 대항하기 위해 활동한 모습을 볼 수 있다.

푸꾸옥

푸꾸옥은 베트남에서 제일 큰 섬이다. 규모는 제주도의 1/3 정도로 호치민에서 비행기로 1시간 정도 걸린다. 낮에는 뜨거운 태양을 즐기고 아침저녁으로 시원한 바다 바람이 불어온다. 주변에는 28개의 섬이 옹기종기 모여 있다. 베트남보다도 캄보디아가 더 가까운 섬이다. 또한 푸꾸옥에는 7899m나 되는 세계에서 제일 긴 해상케이블카가 있다.

까오다이사원

모든 종교는 하나라는 근본이념에 따라 천안(天眼) 뒤에 예수, 마호메트, 부처, 공자가 함께 있는 그림이 걸려 있다. 특히 내부 천안(天眼)의 모습이 푸른 공 모

양에 그려져 있어 이색적이다. 외부인도 내부에 들어가 기도하는 의식을 구경할 수 있다.

베트남 음식

베트남 주식은 쌀로서 한국과 동일하다. 하지만 베트남의 식문화는 중국의 영향을 많이 받아 볶고, 찌고, 튀기는 요리가 많다. 또한 프랑스 식민지 영향을 받아 베트남요리는 세련되었다고도 할 수 있다. 중국요리만큼 기름지지 않으며 맛도 강하지 않다. 큰 접시에 나온 요리를 각자가 덜어서 먹는 것은 중국의 영향을 받았다.

중부지역의 요리는 맵고, 달고, 신맛이 있는 궁중요리와 명물요리가 존재하고 있다. 북부지역은 짠맛, 남부지역은 단맛이 강하다. 종교상 금식습관이 없어 돼지고기, 소고기, 닭고기, 개고기 등 육류 섭취가 가능하다.

베트남의 대표 요리는 쌀국수인 '포(Pho)', 덮밥을 칭하는 '껌(Com)', 빵을 칭하는 '반미(Banh Mi)"를 꼽을 수 있다. 포, 껌은 요리에 쓰인 재료와 방식, 지역에 따라 종류가 다양하다. 음식에 쓰는 야채는 숙주, 고수, 고추 등으로 우리나라와 비슷한 편이다. 베트남 고추는 매운맛이 강하기 때문에 자신의 입맛에 맞게 조절하는 것이 중요하다. 고수 특유의 향내를 싫어하는 사람은 요리를 주문할 때 고수(라우텀)를 빼달라고 한다.

포(Pho)

'포'는 쌀로 만든 납작한 국수로 베트남 사람들이 가장 많이 먹는 서민 음식이다. 삶은 쇠고기를 얇게 저며 고명으로 얹은 포 보찐(Pho Bo Chin), 생고기를 얹은 뒤 오랜 시간 고운 소뼈 국물을 부어주는 포보따이(Pho Bo Tai), 닭고기를 삶거나 구워서 얹어주는 포가(Pho Ga) 등 지방마다 요리 방식이 다르다. 국수 위에는 고추, 숙주나물, 향채, 라임 등을 곁들여 먹는다.

분보후에(Bun Bo Hue)

베트남 중부에 있는 고도 후에(Hue) 지방의 전통 쌀국수다. '분(Bun)'은 단면이 둥글고 가는 면을 말한다. 분보(Bun Bo)는 분 위에 소고기 육수와 고명을 얹은 쌀국수다. 깔끔하고 매운맛이 어우러져 한국인의 입맛에 잘 맞는다.

고이꾸온(Goi Cuon)

흔히 말하는 월남쌈이다. 쌀로 만든 얇은 라이스페이퍼(Rice Paper) 위에 향채, 부추 등 야채와 돼지고기(혹은 닭고기), 새우를 넣어 김밥처럼 돌돌 말아 만든다. 땅콩이 들어간 된장 소스나 간장에 찍어 먹는다.

베트남 사람들은 고이꾸온을 물에 찐 반꾸온(Banh Cuon)을 아침에 즐겨 먹는다.

껌(Com)

베트남어로 '껌'은 밥을 의미한다. 다른 아시아 국가와 마찬가지로 쌀을 주식으로 하는 베트남에서 껌은 중요한 음식이다. 쇠고기를 얹어 먹으면 껌보(Com Bo), 닭고기를 얹어 먹으면 껌가(Com Ga), 새우를 얹어 먹으면 껌땀(Com Tom)이다. 껌빈전(Com Binh dan)이라 부르는 일반 밥집에서 다양한 껌 요리를 먹을 수 있다.

고이응오센(Goi Ngo Sen)

베트남식 샐러드로 새우, 고기, 야채, 연꽃 줄기, 레몬즙 등을 버무려 그 위에 으깬 땅콩을 살짝 얹는다. 식당마다 당근, 오이, 돼지고기를 넣는다. 하얀 새우칩 위에 얹어 먹기도 한다. 아삭하게 씹는 맛과 매콤 새콤한 맛이 잘 어우러진다.

반미(Banh Mi)

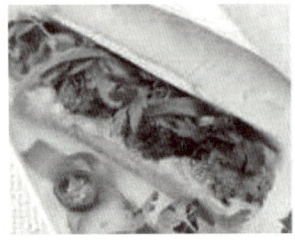

프랑스식 바게트다. 100여 년간 계속된 프랑스의 식민 지배가 남긴 식문화다. 껌과 더불어 가장 일반적이고 저렴한 음식이다. 길이 15~30cm 빵을 반 갈라 속에 오믈렛, 치즈, 말린 돼지고기, 야채, 햄 등을 넣어 샌드위치처럼 먹는다.

반쎄오(Banh Xeo)

베트남식 해물파전 혹은 팬케이크로 쌀가루와 녹두가루를 코코넛밀크에 반죽해 크레이프처럼 얇게 부친 것이다. 속에는 다진 돼지고기, 새우, 숙주 등을 넣는다. 향초나 채소 잎에 싸서 베트남 전통 젓갈 간장인 느윽맘(Nuoc Mam)을 찍어 먹는다.

짜조(Cha Gio)

베트남식 튀김만두로 고이꾸온과 비슷하지만 기름에 튀겨 바삭한 것이 특징이다. 스프링 롤(Spring Roll)이란 영어 메뉴로 알려져 있다. 작은 구멍이 난 라이스페이퍼에 고기, 야채, 양파, 새우, 향채, 버섯 등을 넣고 돌돌 말아 튀긴 것이다. 북부 지방의 명물로, 중요한 가족 행사, 명절, 손님을 접대할 때 내놓는 음식으로 칠리소스인 느윽짬

(Nuoc Cham)에 찍어 먹는다. 북부 지방에서는 '넴잔(Nem Ran)', 남부 지방에서는 '짜요'라고 부른다.

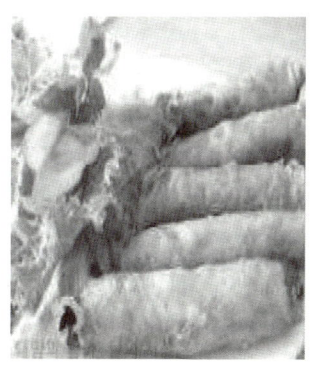

분짜(Bun Cha)

'분'은 쌀국수면이고, '짜'는 숯불에 구운 돼지고기 완자를 뜻하는 베트남 요리다. 한국인의 입맛에는 조금 생소한 맛의 소스에 야채와 쌀국수, 돼지고기를 적셔 먹는 요리로 먹을수록 맛에 빠져든다.

보고(Bo Kho)

'Bo'는 소고기를 의미하고, 'Kho'는 삶다 라는 의미로 베트남식 소고기 스튜다. 베트남은 프랑스의 통치를 받았다. 주변국인 중국의 영향을 받아 자국요리에 다른 나라의 요리를 접목시킨 요리가 많다. 이러한 요리의 하나가 보고요리다.

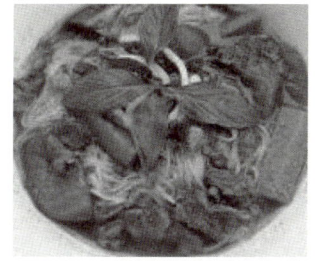

후티(Hủ tíu)

북부지방의 대표적인 요리가 '포'라고 하면, '후티'는 남부의 대표적인 면요리라고 할 수 있다. 원래는 캄보디아 요리라고 한다. 후티의 면도 쌀가루로 만든다. 이 면은 라이스 페퍼를 잘게 자른 것으로 베트남의 다른 면과 다르다. 후티는 돼지고기와 새우를 사용하여 요리한다.

미구앙(Mì Quảng)

특징으로 면이 굵으며 백색과 황색 2종류가 있다. 맛은 거의 같고 진한 맛에 많은 야채와 땅콩을 넣는다. 전병처럼 튀긴 라이스 페퍼와 함께 먹는다.

카우라우(Cao lầu)

호이안의 대표적인 면 요리로 굵은 면에 매운 소스를 찍어 먹는다. 야채를 많이 넣은 우동처럼 익힌 돼지고기를 토핑하여 먹는 것이 특징이다. 요리는 향이 있는 채소, 숙주나물, 돼지고기 등을 사용한다.

미엔(Miến)

닭고기 스프에 당면을 넣은 요리로 미엔 사오라고 한다. 종류가 다양하여 당면 볶은 것도 있다. 특히 게, 새우, 해산물 등을 사용한 것이 인기가 있어 건강에 좋다.

바인칸(Bánh canh)

바인칸 면은 타피오카를 원료로 사용하였기 때문에 탄력이 있어 식감이 좋다. 면은 굵으며 둥글다. 색상은 반투명하여 다른 면과 차이가 있다. 요리는 다양하지만 게를 넣은 것이 고급스럽다.

미(Mì)

미는 베트남에서 유일하게 쌀가루를 사용하지 않은 면으로서 밀가루를 사용하여 만든다. 라면에 가깝다고 생각하면 된다. 요리는 많은 야채와 고기, 해산물 등을 넣어 볶은 요리가 일반적이다.

이색 음식

바르트 수정란(Hột Vịt Lộn aka Balut)

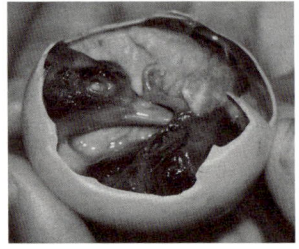

바르트는 부화하기 전의 오리 알로서 익혀서 안에 있는 오리 새끼를 먹는다. 오리 알을 19일에서 20일정도 부화시키면 뼈가 씹기 좋을 정도로 성숙되어 먹기에 적당하다. 먹는 방법은 소금으로 맛을 내어 먹는다.

코코넛유충(Con Đuông Dừa)

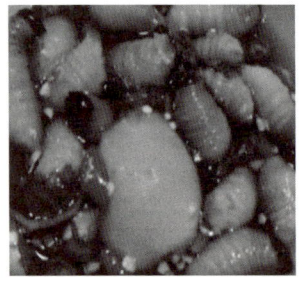

코코넛 유충은 코코넛나무에 구멍을 뚫어 나무속에서 번식한다. 유충은 3~5㎝ 정도로 먹는 방법은 생선 간장에 담았다가 먹는다. 유충은 살아있는 상태로 먹는데 씹는 맛도 있으며 영양가도 높다. 이 코코넛요리는 베트남 최후의 황후가 제일 좋아했던 요리였다고 한다.

매미튀김(Vè Sầu Chiên)

이 곤충은 향토요리로서 파리와 비슷하지만 약간 크다. 곤충은 탈피하고 얼마 지나지 않아 부드러울 때 먹는다. 먹는 방법은 튀기거나 익혀서 먹거나, 또는 죽에 넣어 먹기도 한다. 어린아이의 병을 고치는 데 효과가 있다고 한다.

레스토랑

하노이 레스토랑

🍽 시즌 하노이 (Seasons of Hanoi)

역사가 있는 저택을 개장하여 분위기 있는 베트남요리 전문점이다. 레스토랑 내부에 있는 고풍스러운 비품은 우아하고 세련된 분위기를 보여준다. 프랑스 통치시대의 분위기도 느낄 수 있다.

> **주소** : 95B Quan Thanh Street, Ba Dinh District, Hanoi
> **전화** : (024) 38435444
> **위치** : 호치민 묘에서 도보로 15분

🍽 맘(Mam)

하노이 구시가지에 있는 베트남요리 전문점으로 전통적인 베트남 요리뿐만 아니라 개발한 요리도 맛볼 수 있다. 내부는 구시가지의 이미지를 연상시키고 있으며 창가 좌석에서는 구시가지의 활기찬 모습을 볼 수 있다.

> **주소** : 11 Hang Mam Street, Ly Thai To, Hoan Kiem District, Hanoi
> **전화** : (024) 39352888
> **위치** : 구시가지 옥산사 부근

🍽 카이 카우(Cay Cau)

외국인들에게 인기가 있는 레스토랑으로 청결한 점포 내부는 안락한 분위기를 느낄 수 있다. 친절한 서비스와 맛이 있어 가성비가 좋다. 베트남 북부와 남부의 요리를 맛 볼 수 있고, 밤에는 전통음악 연주도 한다.

> **주소** : De Syloia Hotel, 17A Tran Hung Dao Street, Phan Chu Trinh, Hoan Kiem District, Hanoi
> **전화** : (024) 38245346
> **위치** : 오페라하우스에서 도보로 10분, DE SYLOIA HOTEL 내부

🛟 오락 하우스 (Au Lac House)

이전 프랑스인 저택을 개조한 2층 건물로 분위기 있는 레스토랑이다. 생선요리와 베트남요리를 맛 볼 수 있다.

주소 : 3 Tran Hung Dao Street, Hoan Kiem District, Hanoi
전화 : (024) 39333533
위치 : 역사 박물관에서 도보로 10분

🛟 남흥 레스토항 (Nam Phuong Restaurant)

VIP가 몰려드는 유면한 레스토랑으로 프랑스 지배 때 저택을 개조하여 분위기가 좋다. 각 테이블마다 오일램프를 비치하여 분위기를 한층 돋보이게 하고 있다. 해산물 요리를 제공하고 있으며 밤에는 전통음악을 연주한다. 점포 내부에는 유명인 사진도 걸려 있다.

주소 : 19 Phan Chu Trinh Street, Hoan Kiem District, Hanoi
전화 : (024) 38240926
위치 : 오페라하우스에서 도보로 5분

🛟 서밋 라운지 (Summit Lounge)

각국의 VIP가 많이 이용하는 고급 호텔 '판퍼시픽' 20층에 있는 Bar 라운지로 큰 창가를 통해 하노이 거리를 한눈에 볼 수 있다. 여러 종류의 칵테일, 고급 와인, 아시아, 유럽, 미국의 요리를 맛 볼 수 있고, 매월 다른 맛의 칵테일을 음미 할 수 있다.

주소 : Panpacific Hotel 20F, 1Thanh Nien Street, Truc Bach, Ba Dinh District, Hanoi
전화 : (024) 38238888
위치 : 호치민 묘에서 (Lang Chu Tich Ho Chi Minh) 차로 7분

🍽 마담 히엔 (Madame Hien)

프랑스 주방장이 제공하는 베트남 요리전문점이다. 베트남 각지의 민족과 대자연의 다양성을 반영한 베트남요리를 제공하고 있다. 유럽풍의 건물과 분위기로 안락한 시간을 보낼 수 있다.

> 주소 : 15 Chan Cam, Hang Trong, Hoan Kiem District, Hanoi
> 전화 : (024) 39381588
> 위치 : 하노이 구시가지

🍽 와일드 로터스 (Wild Lotus)

이전에 고급 관료가 살던 곳을 개조한 베트남과 아시아요리를 제공한다. 안에는 연못이 있으며 동양과 서양의 독특한 분위기를 느낄 수 있다.

> 주소 : 55A Nguyen Du Street, Hai Ba Trung District, Hanoi
> 전화 : (024) 39439342
> 위치 : 오페라하우스에서 차로 15분

🍽 인도신 (Indochine)

VIP 고객이 방문하는 유명한 레스토랑으로 메뉴가 약 90종류 있다. 맛이 좋고, 양이 많아 외국인 고객이 많다. 국내 각지의 요리를 여행객에게 제공하고, 4인 이상의 코스 메뉴도 준비되어 있다.

> 주소 : 38 Thi Sach, Ngo Thi Nham, Hai Ba Trung District, Hanoi
> 전화 : (024) 39424097
> 위치 : 하노이역에서 택시로 10분

후에 레스토랑

🍴 **센츄리 리버사이드 레스토랑 (Century Riverside Restaurant)**

센츄리 리버사이드 호텔 내부에 있는 레스토랑으로 베트남요리와 서구요리를 맛볼 수 있다. 강을 바라보면서 로맨틱한 분위기에서 식사가 가능하며 종업원의 서비스가 매우 좋다.

> 주소 : Century Riverside Hotel, 49 Le Loi Street, Hue
> 전화 : (0234) 3823390
> 위치 : 후에역에서 1km에 있는 센츄리 리버사이드 호텔 내부

🍴 **호아 마이 레스토랑 (Hoa Mai Restaurant)**

왕궁을 이미지 한 로비가 아름다운 호텔로 등나무를 사용한 아름다운 가구와 청결한 내장을 하였고, 후에 요리를 중심으로 한 베트남 요리나 넓은 내부가 마음에 든다. 창가 좌석에서는 강을 바라보며 맛있는 요리를 즐길 수 있다.

> 주소 : Huong Giang Hotel Resort & Spa, 51Le Loi Street, Hue
> 전화 : (0234) 3822122
> 위치 : 후에역에서 택시로 8분

나트랑 레스토랑

🍽 세링 크럽 (Sailing Club)

나트랑에서 레스토랑하면 세링 클럽이라고 해도 과언이 아닐 정도로 유명하다. 레스토랑 이용객은 비치에서 파라솔을 무료로 사용할 수 있고, 베트남 요리와 다국적요리를 제공한다.

> **주소** : 72-74 Beachside Trang Phu Street, Nha Trang
> **전화** : (0258) 3525528
> **위치** : 빈컴플라자에서 도보로 15분

🍽 더 피자 컴퍼니 (The Pizza Company)

다채로운 레스토랑이 있는 나트랑에서 어린이가 안심하고 식사를 할 수 있는 페밀리 레스토랑이다. 내부는 밝고 피자는 이탈리아 풍으로 모짜렐라치즈를 사용하고 있다. 스파게티 등 다양한 메뉴가 제공된다.

> **주소** : 99A Duong 23/10, Phuong Son, Nha Trang
> **전화** : (0258) 7305878
> **위치** : 나트랑역에서 9분

🍽 렌턴레스토랑 (Lanterns Resturant)

호주인이 경영하는 베트남 및 다국적 레스토랑으로 어려운 아이들을 종업원으로 고용하여 자선활동에 노력하는 점포다. 여기에 동참하는 외국인관광객으로 붐비며 종업원 교육에 노력하고 있어 호감을 느낄 수 있다.

> **주소** : 2F, 30B Nguyen Thien Thuat Street, Nha Trang
> **전화** : (0258) 2471674
> **위치** : 빈컴플라자에서 도보로 10분

🍽 아나 비치 하우스 바 & 레스토랑 (Ana Beach House Bar & Resturant)

나트랑 바닷가에 위치한 오픈레스토랑으로 파도소리를 들으면서 식사를 할 수 있다. 밤에는 로맨틱한 분위기를 제공하기 때문에 남녀 커플에게 어울린다.

> 주소 : Ana Mandara Resort, Tran Phu Street, Loc Tho, Nha Trang
> 전화 : (0258) 2244809
> 위치 : 빈컴플라자에서 택시로 9분

🍽 아이스드 커피 (Iced Coffee)

나트랑에서 시작한 커피전문점으로 내부 장식은 심플하면서 브랜드커피 이외에 경식을 곁들일 수 있다. 점포에서는 커피 및 관련 상품도 판매하고 있다.

> 주소 : 49 Nguyen Thien Thuat Street, Nha Trang
> 전화 : (0258) 6288638
> 위치 : 빈컴플라자에서 도보로 10분

🍽 코스타 시푸드 (Costa Seafood)

인터콘티넨탈호텔 내부 1층에 있는 가장 고급 씨푸드 레스토랑이다. 바다가재는 물론 나트랑 바다 주변에서 잡은 신선한 생선을 맛 볼 수 있다. 점포 내부는 밝고 세련된 분위기를 제공한다.

> 주소 : 32-34 Tran Phu Street, Nha Trang
> 전화 : (0258) 3737777
> 위치 : 빈컴플라자에서 도보로 9분

🍽 믹스 (Mix)

2014년 개점 초부터 인기가 있는 그리스요리 전문점이다. 점포 내부에는 1970년대 베트남을 연상시키는 일용품이 벽면에 장식되어 있어 베트남의 옛 모습을 만끽 할 수 있다.

주소 : 77 Hung Vuong Street, Nha Trang
전화 : (0258) 6563231
위치 : 빈컴플라자에서 도보로 12분

비스트로 콘가 햅 (Bistro Con Ga Phap)

프랑스인이 경영하는 곳으로 치킨통구이가 유명하다. 나트랑 주재 프랑스인이 많이 모여들고, 특히 와인을 즐기는 고객이 많다.

주소 : 34 Tran Quang Khai Street, Nha Trang
전화 : (0258)3527201
위치 : 빈컴플라자에서 도보로 17분

라 멘차 (La Mancha)

천정이 높고, 면적이 넓은 스페인 레스토랑이다. 물 담배를 체험할 수 있고, 주말에는 라틴댄스를 공연한다.

주소 : 17 Biet Thu Street, Nha Trang
전화 : (0258) 3527978
위치 : 빈컴플라자에서 도보로 12분

루이지아나 부루 하우수 (Louisiane Brew House)

점포 안에는 지역 맥주를 저장한 통이 눈에 보이며 나트랑에서 지역맥주를 제공하는 곳으로 유명하다. 다양한 맥주가 있으며 비치에서도 요리와 음료수를 주문할 수 있다. 부정기적으로 필리핀 가수의 생음악을 들을 수 있다.

주소 : 29 Tran Phu Street, Nha Trang
전화 : (0258) 3521948
위치 : 빈컴플라자에서 도보로 5분

🍽 곡 트라이 (Ngoc Trai)

넓은 부지에 물고기 수조가 있으며 가족 단위의 베트남 고객과 단체 고객이 많다. 영어를 할 수 있는 직원이 친절하게 고객을 응대한다.

주소 : 97 Nguyen Thi Minh Khai Street, Nha Trang
전화 : (0258) 3516088
위치 : 빈컴플라자에서 도보로 13분

🍽 안 카페 (An Cafe)

점포 내부는 목재를 많이 사용하였으며 내부 수로에는 귀여운 물고기가 놀고 있다. 아침에는 복잡하지만 낮에는 PC를 가지고 들어와 일을 보는 고객도 많다. 소박한 분위기에서 여유를 가지고 베트남 커피를 즐길 수 있다.

주소 : 40 Le Dai Hanh Street, Tan Lap, Nha Trang
전화 : (0258) 3510588
위치 : 빈컴플라자에서 도보로 12분

호치민 레스토랑

🍽 랩 & 롤 (Wrap and Roll)

춘권 등 쌈을 전문으로 하는 레스토랑으로 라이스페이퍼는 직접 만들어 제공한다. 다양한 소스가 있고, 테이크아웃도 가능하다. 시내에는 여러 곳에 점포가 있어 체인점으로 운영된다.

주소 : 62 Hai Ba Trung Street, Quan 1, Ho Chi Minh
전화 : (028) 38222166
위치 : 오페라하우스에서 도보로 3분

🍽 포 24 (Pho 24)

면 요리의 대표적인 포가 유명하고, 매끈매끈한 면에 스프의 맛이 독특하다. 가격이 저렴하고, 드링크 및 디저트를 포함한 코스 메뉴도 있다. 점포에서 포 24 컵라면도 판매한다.

주소 : 85 Dong Khoi Street, Quan 1, Ho Chi Minh
전화 : (028)38257505
위치 : 오페라하우스에서 도보로 7분

🍽 브리즈 스카이 빠 (Breeze Sky Bar)

마제스틱호텔 옥상에 있는 카페 Bar로 사이공 강을 볼 수 있다. 숙박 고객과 외부 고객이 많이 이용하고 있다. 베트남에서 흔하지 않게 24시간 영업을 하고 있어 심야시간 때에도 고객이 찾아온다. Bar로 이용되고 있지만 저녁 6시 30분부터 9시까지 해산물 뷔페를 즐길 수 있다.

주소 : Hotel Majestic Saigon, 1 Dong Khoi Street, Quan 1, Ho Chi Minh
전화 : (028) 38295517
위치 : 오페라하우스에서 도보로 10분

🍽 크리스탈 제이드 (Crystal Jade)

롯데 리젠트호텔 사이공 내부에 있는 중국요리점으로 북경오리 및 죽, 새우만두, 바다가재 등 어패류를 사용한 요리가 유명하다. 중국 조리사가 직접 요리하는 곳으로 유명하다.

주소 : 2F Lotte Legend Hotel Saigon 2A-4A Ton Duc Thang Street, Quan 1, Ho Chi Minh
전화 : (028) 38272387
위치 : 똔득탕 박물관 부근

🍴 템플 클럽 (Temple Club)

베트남 아트에 매력을 느낀 프랑스 출신 주인이 연출한 레스토랑으로 내부는 고전적인 분위기에 클래식 등 섬세한 맛을 볼 수 있는 곳으로 알려져 있다.

주소 : 29-31 Ton That Thiep Street, Quan 1, Ho Chi Minh
전화 : (028) 38299244
위치 : 사이공 스카이덱 부근

🍴 바인 세오 46A (Banh Xeo 46A)

베트남 풍의 부침을 먹을 수 있는 곳으로 하루에 150장만 판매하고 있다. 실외 좌석과 실내 좌석이 있으며 단체 고객이 끊이질 않는 레스토랑이다. 현지 식당이지만 외국어로 쓴 메뉴판도 있다.

주소 : 6A Dinh Cong Trang Street, Quan 1, Ho Chi Minh
전화 : (028) 38241110
위치 : 떤딘 성당 부근

🍴 컴 뉴 사이공 (Com Nieu Sai Gon)

종업원이 고객에게 즐거움을 주기 위해 퍼포먼스를 제공하기 때문에 하루 종일 관광객들의 발길이 끊이질 않는다. 이곳에서는 베트남 전통 요리를 제공한다.

주소 : 27 Tu Xuong Street, Quan 3, Ho Chi Minh
전화 : (028) 39326388
위치 : 호치민 전쟁 박물관 부근

🍴 엔 비엔 (An Vien)

프랑스식 건물을 이용한 레스토랑으로 2층으로 되어 있다. 내부에는 중세 귀족이 지금도 살고 있는 분위기를 느낄 수 있다. 이탈리아제 스탠인드 글라스가 클래식한 분위기를 연출한다.

주소 : 178A Hai Ba Trung Street, Quan 1, Ho Chi Minh
전화 : (028) 38243877
위치 : 오페라하우스에서 차로 15분

🍴 캣 둥 (Cat Tuong)

점포 앞에 진열되어있는 삶은 닭이 고객의 눈길을 끌고, 베트남 쌀국수가 맛있기로 소문난 레스토랑이다. 아침부터 심야까지 영업하고, 식사 시간이 되면 고객의 행렬이 끊이지 않을 정도의 인기 있는 레스토랑이다.

주소 : 63 Thu Khoa Huan Street, Quan 1, Ho Chi Minh
전화 : (028) 38238679
위치 : 벤탄시장에서 도보로 3분

🍴 송그 (Song Ngu)

현대식 분위기의 레스토랑으로 신선한 생선을 이용하여 베트남 요리를 제공하고 있다. 인테리어는 두 마리의 생선을 주제로 하고 있다. 저녁 6시 30분부터 베트남 전통의 생음악연주를 한다. 별장에 있는 기분을 느낄 정도로 조용한 분위기를 제공한다.

주소 : 30 bis Le Quy Don Street, Ward 7 District 3, Ho Chi Minh
전화 : (028) 39306777
위치 : 오페라하우스에서 차로 15분

🍴 콕승 벤츄엔 (Ngoc Suong Ben Thuyen)

생굴과 새우를 재료로 한 요리를 제공하고 있다. 점포 내부에는 수족관이 있어 고객이 선택한 새우나 게를 주문받아 요리를 한다.

주소 : 11 Nguyen Van Troi P12 Street, Quan Phu Nhuan, Ho Chi Minh
전화 : (028) 38443861
위치 : 호치민 전쟁박물관 부근

● 더 리파이너리 (The Refinery)

프랑스 통치시대의 공장으로 사용한 석조건물을 리모델링하여 사용하고 있다. 치즈케이크 등 직접 디자인해서 판매하고 있다. 주로 유럽인들이 많이 이용한다.

주소 : Walk Under The Arch At 74/7C Hai Ba Trung Street, Quan 1, Ho Chi Minh
전화 : (028) 38230509
위치 : 오페라하우스에서 도보로 3분

베트남 이야기

사기 택시주의

베트남은 대중교통이 발달되어 있지 않아 개인적으로 관광을 한다면 택시를 자주 이용하게 된다. 베트남의 수도인 하노이는 물론 상업도시인 호치민 같은 대도시에서도 택시를 이용해야 한다. 따라서 베트남에서 택시는 가장 편리한 이동 수단이자 한국과 비교도 안 되는 저렴한 요금으로 택시를 이용할 수 있다.

하지만 다른 나라도 그렇듯이 베트남 택시도 외국인 관광객을 상대로 하는 부당 요금을 청구하는 경우가 많다. 심지어 베트남에 거주하고, 베트남어를 할 줄 아는 사람도 부당 요금을 청구 당할 수 있다. 필자도 베트남 여행 시 공인된 택시를 이용하지 않고 거리에서 택시를 타고 호텔까지 가자고 했으나 택시 안에서 음악을 크게 틀면서 정신을 혼란스럽게 하고, 택시미터기를 조작하여 요금이 순간순간 올라가 도중에 한국 식당 앞에서 하차하여 도피한 적이 있다. 베트남 여행의 유튜브를 보면 택시 사기에 대한 내용이 제일 많다. 지금으로서는 택시기사의 부당 요금 청구를 방지할 수 있는 방법은 없지만 최대한 피해를 보지 않기 위해서는 공인된 택시회사인 'Mai Linh택시(38 38 38 38 번호표시)'나 'VINASUN택시(38. 27. 27. 27 번호표시)'를 이용하는 수밖에 없다. 글자 표시도 'VINASUN택시'를 가장하여 'VINASAN택시'로 바꾸어 사용하고 있으니 사기 택시에 주의해야 한다.

호텔

하노이지역

🏢 Sofitel Legend Metropole Hanoi (소피텔 레전드 메트로폴 하노이)

등급 : ★★★★★
주소 : 15 Ngo Quyen Street, Hoan Kiem District, Hanoi
전화 : 84-4-38266919

🏢 JW Marriott Hotel Hanoi (JW 메리어트 호텔 하노이)

등급 : ★★★★★
주소 : No 8 Do Duc Duc Road Me Tri Ward, South Tu Liem District, Hanoi
전화 : 84-4-38335588

🏢 InterContinental Hanoi Westlake (인터컨티넨탈 하노이 웨스트레이크)

등급 : ★★★★★
주소 : 5 Tu Hoa, Hanoi
전화 : 84-4-62708888

🏢 Lotte Hotel Hanoi (롯데 호텔 하노이)

등급 : ★★★★★
주소 : No. 54, Lieu Giai Street, Cong Vi Ward. Ba Dinh, Hanoi
전화 : 84-4-33331000

🏢 Melia Hanoi (멜리아 하노이)

등급 : ★★★★★
주소 : 44b Ly Thuong Kiet Street, Hoan Kiem District, Hanoi
전화 : 84-4-39343343

🏨 Somerset Grand Hanoi (써머셋 그랜드 하노이)

등급 : ★★★★
주소 : 49 Hai Ba Trung Street, Hoan Kiem District, Hanoi
전화 : 84-4-39342342

🏨 Hilton Hanoi Opera (힐튼 하노이 오페라)

등급 : ★★★★
주소 : 1 Le Thanh Tong Street Hoan Kiem District, Hanoi
전화 : 84-4-39330500

🏨 Novotel Suites Hanoi (노보텔 스위츠 하노이)

등급 : ★★★★
주소 : 5 Duy Tan Street Cau Giay, Hanoi
전화 : 84-24-35766666

🏨 Hilton Hanoi Opera (힐튼 하노이 오페라)

등급 : ★★★★
주소 : 1 Le Thanh Tong Street, Hoan Kiem District, Hanoi
전화 : 84-4-39330500

🏨 Mercure Hanoi La Gare (메르쿠르 하노이 라 가르)

등급 : ★★★★
주소 : 94 Ly Thuong Kiet Street, Hoan Hoan Kiem District, Hanoi
전화 : 84-4-39447766

🏨 Movenpick Hotel Hanoi (뫼벤픽 호텔 하노이)

등급 : ★★★★
주소 : 83A Ly Thuong Kiet, Hoan Kiem District, Hanoi
전화 : 84-4-38222800

🏨 Silk Path Hotel Hanoi (실크 패스 호텔 하노이)

등급 : ★★★★
주소 : 195-197-199 Hang Bong Street, Hoan Kiem, Hanoi
전화 : 84-4-32665555

🏨 Pullman Hanoi Hotel (풀먼 하노이 호텔)

등급 : ★★★★
주소 : 40 Cat Linh street, Dong Da District, Hanoi
전화 : 84-24-37330868

🏨 Rising Dragon Palace Hotel (라이징 드래곤 팰리스 호텔)

등급 : ★★★
주소 : 24 Hang Ga Street, Hoan Kiem, Hanoi
전화 : 84-4-39232626

🏨 Daeha Hanoi Serviced Apartments (대하 하노이 서비스 아파트먼트)

등급 : ★★★
주소 : 360 Kim Ma, Ba Dinh District, Hanoi
전화 : 84-4-3835000

🏨 Hanoi Guest House Royal (하노이 게스트 하우스 로얄)

등급 : ★★★
주소 : 26 Phat Loc, Hanoi
전화 : 84-24-39352979

🏨 Hong Ha Hotel (홍 하 호텔)

등급 : ★★★
주소 : 204 Tran Quang Khai Street, Hoan Kiem District. Hanoi
전화 : 84-4-39387786

● Hong Ngoc Tonkin Hotel (홍 응옥 톤킨 호텔)

등급 : ★★★
주소 : 14 Luong Van Can Street, Hoan Kiem District, Hanoi
전화 : 84-4-38267566

● Royal Holiday Hanoi Hotel (로열 홀리데이 하노이 호텔)

등급 : ★★★
주소 : 19 Hang Hanh Street, Hoan Kiem District, Hanoi
전화 : 84-4-39380433

● Lake Side Hotel (레이크 사이드 호텔)

등급 : ★★★
주소 : 23 Ngoc Khanh, Giang Vo, Ba Dinh, Hanoi
전화 : 84-4-38350111

● NCC Garden Villas (NCC 가든 빌라스)

등급 : ★★★
주소 : 1 Thang Long Highway Tu Liem District, Hanoi
전화 : 84-24-4568700

● The Chi Boutique Hotel (더 치 부티크 호텔)

등급 : ★★★
주소 : 13 Nha Chung Street, Hoan Kiem District, Hanoi
전화 : 84-4-37192939

● Hotel Garden Queen (호텔 가든 퀸)

등급 : ★★★
주소 : 65 Hang Bac Street, Hoan Kiem District, Hanoi
전화 : 84-24-38260860

후에지역

🏨 Azerai La Residence Hue (아재라이 라 레지던스 후에)
등급 : ★★★★★
주소 : 5 Le Loi Street, Vinh Ninh Ward, Hue
전화 : 84-54-3837475

🏨 Indochine Palace (인도차인 팰리스)
등급 : ★★★★★
주소 : 105A Hung Vuong Street, Hue
전화 : 84-54-3936666

🏨 Vedana Lagoon Resort and Spa (베다나 라군 리조트 & 스파)
등급 : ★★★★★
주소 : 41/23 Doan Trong Truyen Street, Hue
전화 : 84-54-3681688

🏨 Moonlight Hotel Hue (문라이트 호텔 후에)
등급 : ★★★★
주소 : 20 Pham Ngu Lao Street, Phu Hoi Ward, Hue
전화 : 84-54-3979797

🏨 Asia Hotel Hue (아시아 호텔 후에)
등급 : ★★★★
주소 : 17 Pham Ngu Lao Street, Hue
전화 : 84-54-3838388

🏨 Century Riverside Hotel Hue (센츄리 리버사이트 호텔 후에)
등급 : ★★★★
주소 : 49 Le Loi Street, Hue
전화 : 84-54-3823390

Imperial Hotel Hue (임페리얼 호텔 후에)
등급 : ★★★★
주소 : 8-Hung Vuong Street, Hue
전화 : 84-54-3882222

Midtown Hotel Hue (미드타운 호텔 후에)
등급 : ★★★★
주소 : 29 Doi Cung Street, Hue
전화 : 84-54-6260888

Mondial Hotel Hue (몬디알 호텔 후에)
등급 : ★★★★
주소 : 17 Nguyen Hue Street, Hue
전화 : 84-54-3945599

Park View Hotel (파크 뷰 호텔)
등급 : ★★★★
주소 : 9 Ngo Quyen Street, Hue
전화 : 84-234-3837382

Romance Hotel (로맨스 호텔)
등급 : ★★★★
주소 : 16 Nguyen Thai Hoc, Hue
전화 : 84-54-3898888

Alba Hotel (알바 호텔)
등급 : ★★★
주소 : 12 Nguyen Van Cu, Hue
전화 : 84-54-3826788

🏨 Alba Thanh Tan Hot Springs Resort (알바 탄 딴 핫 스프링스 리조트)

등급 : ★★★
주소 : Phong Son, Phong Dien, Hue
전화 : 84-234-3553225

🏨 Amigo Hotel (아미고 호텔)

등급 : ★★
주소 : 66/3 Le Loi, Hue
전화 : 84-54-3838006

🏨 Canary Hotel (카나리 호텔)

등급 : ★★
주소 : 37 Nguyen Cong, Tru Street, Hue
전화 : 84-54-3839699

🏨 Lam Bao Long Hotel (람 바오 롱 호텔)

등급 : ★★
주소 : 80 Le Loi Street, Perfume River, Hue
전화 : 84-54-3822804

🏨 Sunny B Hotel (서니 B 호텔)

등급 : ★★
주소 : 4/34 Nguyen Tri Phuong Street, Hue
전화 : 84-54-3830145

다낭지역

🏨 **Sheraton Grand Da Nang Resort (쉐라톤 그랜드 다낭 리조트)**

등급 : ★★★★★
주소 : 35 Truong Sa Street, HoaHai Ward Ngu HanhSon District, Da Nang
전화 : 84-236-3988999

🏨 **Furama Resort Da Nang (푸라마 리조트 다낭)**

등급 : ★★★★★
주소 : 105 Vo Nguyen Giap Street, Khue My Ward Ngu Hanh Son District, Da Nang
전화 : 84-236-3847888

🏨 **InterContinental Da Nang Sun Peninsula Resort (인터컨티넨탈 다낭 선 페닌슐라 리조트)**

등급 : ★★★★★
주소 : Bai Bac, Son Tra Peninsula, Da Nang
전화 : 84-236-3938888

🏨 **Hyatt Regency Da Nang Resort and Spa (하얏트 리젠시 다낭 리조트 앤 스파)**

등급 : ★★★★★
주소 : 5 Truong Sa Street, Hoa Hai Ward Ngu Hanh Son District, Da nang
전화 : 84-236-3981234

🏨 **Citadines Blue Cove Da Nang (시타딘 블루 코브 다낭)**

등급 : ★★★★★
주소 : Lot 01/A1-2 Hoa Binh Green Comm. Complex Nai Hien Dong Ward, Son Tra District, Da Nang
전화 : 84-236-3878888

🏨 Vinpearl Condotel Riverfront Da Nang (빈펄 콘도텔 리버프런트 다낭)

등급 : ★★★★★
주소 : Ngo Quyen Street, An Hai Bac Ward, Son Tra District, Da Nang
전화 : 84-2363-642888

🏨 Fusion Maia Da Nang (퓨전 마이아 다낭)

등급 : ★★★★★
주소 : Vo Nguyen Giap Street, Khue My Ward, Ngu Hanh Son District, Da Nang
전화 : 84-511-3967999

🏨 Da Nang Golden Bay (다낭 골든 베이)

등급 : ★★★★★
주소 : 1 Le Van Duyet street, Nai Hien Dong ward, Son Tra District, Da Nang
전화 : 84-236-3878999

🏨 Angsana Lang Co (앙사나 랑코)

등급 : ★★★★★
주소 : Cu Du Village, Loc Vinh Commune Phu Loc District Thua Thien Hue Province, Da Nang
전화 : 84-234-3695800

🏨 New Orient Hotel Da Nang (뉴 오리엔트 호텔 다낭)

등급 : ★★★★
주소 : 20 Dong Da Street, Hai Chau District, Da Nang
전화 : 84-236-3828828

🏨 Melia Da Nang (멜리아 다낭)

등급 : ★★★★
주소 : 19 Truong Sa, Hoa Hai Ward Ngu Hanh Son District, Da Nang
전화 : 84-511-3929888

🏨 Naman Retreat (나만 리트리트)

등급 : ★★★★
주소 : Truong Sa Road, Da Nang
전화 : 84-236-3959888

🏨 A La Carte Da Nang Beach (아 라 카르테 다낭 비치)

등급 : ★★★★
주소 : 200 Vo Nguyen Giap Street, Son Tra District, Da Nang
전화 : 84-236-3959555

🏨 Brilliant Hotel (브릴리언트 호텔)

등급 : ★★★★
주소 : 162 Bach Dang Street, Hai Chau District, Da Nang
전화 : 84-511-3222999

🏨 Royal Lotus Hotel Da Nang (로열 로터스 호텔 다낭)

등급 : ★★★★
주소 : 120A Nguyen Van Thoai, Da Nang
전화 : 84-236-6261999

🏨 Mandila Beach Hotel Da Nang (만딜라 비치 호텔 다낭)

등급 : ★★★★
주소 : 218 Vo Nguyen Giap Street, Son Tra District, Da Nang
전화 : 84-236-7306666

🏨 Novotel Da Nang Premier Han River (노보텔 다낭 프리미어 한리버)

등급 : ★★★★
주소 : 36 Bach Dang Thach Than Ward Hai Chau District, Da Nang
전화 : 84-511-3929999

Pullman Da Nang Beach Resort (풀먼 다낭 비치 리조트)

등급 : ★★★★
주소 : 101 Vo Nguyen Giap Street, Khue My Ward Ngu Hanh Son District, Da Nang
전화 : 84-511-3958888

An Thinh Loc Hotel Daang (안틴록 호텔 다낭)

등급 : ★★★
주소 : 57 Dien Bien Phu Street, Da Nang
전화 : 84-236-3659822

Avora Hotel (아보라 호텔)

등급 : ★★★
주소 : 170 Bach Dang Street, Da Nang
전화 : 84-236-3977777

Adaline Hotel & Suite (아달린 호텔 & 스위트)

등급 : ★★★
주소 : 5-47 Vo Van Kiet Son Tra District, Da Nang
전화 : 84-236-3666567

OYO 157 Centre Hotel (오요 157 센터 호텔)

등급 : ★★★
주소 : 18-20 Pham Phu Thu Hai Chau 1, Da Nang
전화 : 84-919-081568

Sanouva Da Nang Hotel (사노우바 다낭 호텔)

등급 : ★★★
주소 : 68 Phan Chau Trinh, Da Nang
전화 : 84-511-3823468

- **The Blossom Resort Da Nang (더 블라섬 리조트 다낭)**
  - 등급 : ★★★
  - 주소 : Lot A1-A2, Dao Xanh, Hai Chau, Da Nang
  - 전화 : 84-236-3623328

호이안지역

- **Vinpearl Resort & Golf Nam Hoi An (빈펄 리조트 & 골프 남 호이안)**
  - 등급 : ★★★★★
  - 주소 : Binh Minh Thang Binh, Hoi An
  - 전화 : 84-235-3676888

- **Vinpearl Resort & Golf Nam Hoi An (빈펄 리조트 & 골프 남 호이안)**
  - 등급 : ★★★★★
  - 주소 : Binh Minh Thang Binh, Hoi An
  - 전화 : 84-235-3676888

- **Anantara Hoi An Resort (아난타라 호이안 리조트)**
  - 등급 : ★★★★★
  - 주소 : 1 Pham Hong Thai Street, Hoi An
  - 전화 : 84-510-3914555

- **Sunrise Premium Resort Hoi An (선라이즈 프리미엄 리조트 호이안)**
  - 등급 : ★★★★★
  - 주소 : Au Co Road, Cua Dai Beach, Hoi An
  - 전화 : 84-235-3937777

🏨 Hoi An Ancient House Resort And Spa (호이안 에인션트 하우스 리조트 앤드 스파)

등급 : ★★★★
주소 : 377 Cua Dai, Hoi An
전화 : 84-510-3923377

🏨 Victoria Hoi An Beach Resort & Spa (빅토리아 호이안 비치 리조트 & 스파)

등급 : ★★★★
주소 : Cua Dai Beach, Hoi An
전화 : 84-510-3927040

🏨 Hoi An Ancient House Resort And Spa (호이안 에인션트 하우스 리조트 앤드 스파)

등급 : ★★★★
주소 : 377 Cua Dai, Hoi An
전화 : 84-510-3923377

🏨 Hoian Eco Lodge & Spa (호이안 에코 로지 & 스파)

등급 : ★★★★
주소 : DX20 Thanh Nhut Village, Cam Thanh Ward, Hoi An
전화 : 84-235-3959786

🏨 Hoian Riverside Resort & Spa (호이안 리버사이드 리조트 & 스파)

등급 : ★★★★
주소 : 175 Cua Dai Road, Hoi An
전화 : 84-510-3864800

🏨 Hoian Sincerity Hotel & Spa (호이안 신세리티 호텔 & 스파)

등급 : ★★★★
주소 : No1 Le Dinh Tham, Hoi An
전화 : 84-235-3666188

🏨 Almanity Hoi An Wellness Resort (알매니티 호이안 웰니스 리조트)

등급 : ★★★★
주소 : 326 Ly Thuong Kiet Street, Tan An Ward, Hoi An
전화 : 84-510-3666888

🏨 Hoi An Silk Marina Resort & Spa (호이안 실크 마리나 리조트 & 스파)

등급 : ★★★★
주소 : 74 August 18th Street, Cam Pho Ward, Hoi An
전화 : 84-235-3938888

🏨 Hoi An Silk Village Resort & Spa (호이안 실크 빌리지 리조트 & 스파)

등급 : ★★★★
주소 : 28 Nguyen Tat Thanh, Hoi An
전화 : 84-235-3921144

🏨 Vinh Hung Riverside Resort & Spa (빈 훙 리버사이드 리조트 & 스파)

등급 : ★★★
주소 : 111 Ngo Quyen Street, Hoi An
전화 : 84-510-3910577

🏨 Almond Villa Hoi An (아몬드 빌라 호이안)

등급 : ★★★
주소 : 230 Nguyen Chi Thanh, Hoi An
전화 : 84-90-5131420

🏨 An Bang Anchor House (안방 앵커 하우스)

등급 : ★★★
주소 : Nguyen Phan Vinh, Hoi An
전화 : 84-94-5009409

🏨 **An Bang Beach Villas (안방 비치 빌라)**

등급 : ★★★
주소 : Nguyen Phan Vinh, Hoi An
전화 : 84-91-1206012

나트랑(냐짱, 깜란)지역

🏨 **Vinpearl Resort & Spa Nha Trang Bay (빈펄 리조트 & 스파 나트랑 베이)**

등급 : ★★★★★
주소 : Hon Tre island, Nha Trang
전화 : 84-258-3598999

🏨 **Citadines Bayfront Nha Trang (시타딘 베이프런트 나트랑)**

등급 : ★★★★★
주소 : 62 Tran Phu, Nha Trang
전화 : 84-258-3517222

🏨 **Vinpearl Resort & Spa Long Beach Nha Trang**
(빈펄 리조트 & 스파 롱 비치 나트랑)

등급 : ★★★★★
주소 : D6B2 & D7A1-Cam Ranh Peninsula Cam Lam, Nha Trang
전화 : 84-258-3598900

🏨 **Royal Beach Boton Blue Hotel & Spa (로열 비치 보톤 블루 호텔 & 스파)**

등급 : ★★★★★
주소 : Pham Van Dong Street, Vinh Hoa Ward, Nha Trang
전화 : 84-258-3836868

The Anam (더 아남)
등급 : ★★★★★
주소 : Long Beach, Northern Peninsula Cam Ranh Cam Lam, Nha Trang
전화 : 84-258-3989499

Amiana Resort and Villas (아미아나 리조트 앤 빌라스)
등급 : ★★★★★
주소 : Nha Trang Bay, Pham Van Dong Street, Nha Trang
전화 : 84-258-3553333

The Costa Nha Trang Residences (더 코스타 나트랑 레지던스)
등급 : ★★★★★
주소 : 32-34 Tran Phu, Nha Trang
전화 : 84-58-3737222

InterContinental Nha Trang (인터컨티넨탈 나트랑)
등급 : ★★★★★
주소 : 32-34 Tran Phu Street, Nha Trang
전화 : 84-58-3887777

Cam Ranh Riviera Beach Resort & Spa (깜 란 리비에라 비치 리조트 & 스파)
등급 : ★★★★
주소 : Northern Peninsula Cam Ranh Nha Trang City Cam Lam, Nha Trang
전화 : 84-258-3989898

Liberty Central Nha Trang (리버티 센트럴 나트랑)
등급 : ★★★★
주소 : 9 Biet Thu Street, Loc Tho Ward, Nha Trang
전화 : 84-258-3529555

🏨 **Premier Havana Hotel (프리미어 하바나 호텔)**

등급 : ★★★★
주소 : 38 Tran Phu street, Loc Tho Ward, Nha Trang
전화 : 84-258-3889999

🏨 **Sunrise Nha Trang Beach Hotel & Spa (선라이즈 나트랑 비치 호텔 & 스파)**

등급 : ★★★★
주소 : 12 Tran Phu Blvd, Nha Trang
전화 : 84-258 3820999

🏨 **StarCity Nha Trang (스타시티 나트랑)**

등급 : ★★★★
주소 : 72-74 Tran Phu Street, Nha Trang
전화 : 84-258-3590999

🏨 **Apus Hotel (에이퍼스 호텔)**

등급 : ★★★
주소 : 1H Quan Tran Street, Loc Tho Ward, Nha Trang
전화 : 84-258-3551616

🏨 **Rex Hotel and Apartment (렉스 호텔 & 아파트먼트)**

등급 : ★★★
주소; 14 Trinh Phong, Nha Trang
전화 : 84-123-4151005

🏨 **Balcony Nha Trang Hotel (발코니 나트랑 호텔)**

등급 : ★★★
주소 : 98B/13 Tran Phu Street, Loc Tho Ward, Nha Trang
전화 : 84-258-3886789

🏨 Barcelona Hotel (바르셀로나 호텔)

등급 : ★★★
주소 : 34E Nguyen Thien Thuat Tan Lap, Nha Trang
전화 : 84-258-3526966

호치민지역

🏨 Hotel Nikko Saigon (호텔 니코 사이공)

등급 : ★★★★★
주소 : 235 Nguyen Van Cu Street, District 1, Ho Chi Minh
전화 : 84-8-39257777

🏨 Eastin Grand Hotel Saigon (이스틴 그랜드 호텔 사이공)

등급 : ★★★★★
주소 : 253 Nguyen Van Troi Street, Phu Nhuan District, Ho Chi Minh
전화 : 84-8-38449222

🏨 Grand Hotel Saigon (그랜드 호텔 사이공)

등급 : ★★★★★
주소 : 8 Dong Khoi Street, District 1, Ho Chi Minh
전화 : 84-28-39155555

🏨 Pullman Saigon Centre (풀먼 사이공 센터)

등급 : ★★★★★
주소 : 148 Tran Hung Dao Street, District 1, Ho Chi Minh
전화 : 84-8-38388686

🏢 **The Reverie Saigon (더 리베리 사이공)**

등급 : ★★★★★
주소 : 22-36 Nguyen Hue Boulevard 57-69F Dong Khoi Street, District 1, Ho Chi Minh
전화 : 84-8-38236688

🏢 **Lotte Legend Hotel Saigon (롯데 레전드 호텔 사이공)**

등급 : ★★★★★
주소 : 2A-4A Ton Duc Thang Street, District 1, Ho Chi Minh
전화 : 84-8-38233333

🏢 **New World Saigon Hotel (뉴 월드 호텔 사이공)**

등급 : ★★★★★
주소 : 76 Le Lai Street, District 1, Ho Chi Minh
전화 : 84-8-38228888

🏢 **Park Hyatt Saigon (파크 하얏트 사이공)**

등급 : ★★★★★
주소 : 2 Lam Son Square District 1, Ho Chi Minh
전화 : 84-8-38241234

🏢 **Renaissance Riverside Hotel Saigon (르네상스 리버사이드 호텔 사이공)**

등급 : ★★★★★
주소 : 8-15 Ton Duc Thang Street, District 1, Ho Chi Minh
전화 : 84-8-38220033

🏢 **Chloe Gallery (클로에 갤러리)**

등급 : ★★★★★
주소 : 6 Phan Van Chuong Street, Phu My Hung, District 7, Ho Chi Minh
전화 : 84-8-54116789

🏨 Park Royal Saigon (파크 로얄 사이공)

등급 : ★★★★
주소 : 309B-311 Nguyen Van Troi Tan Binh District, Ho Chi Minh
전화 : 84-8-38421111

🏨 Sedona Suites Ho Chi Minh City (세도나 스위트 호치민 시티)

등급 : ★★★★
주소 : 65 Le Loi Boulevard District 1, Ho Chi Minh
전화 : 84-8-38229666

🏨 First Hotel (퍼스트 호텔)

등급 : ★★★★
주소 : 18 Hoang Viet Street, Tan Binh District, Ho Chi Minh
전화 : 84-8-38441199

🏨 ibis Saigon Airport (이비스 사이공 에어포트)

등급 : ★★★★
주소 : 2 Hong Ha Street, Ward 2 Tan Binh District, Ho Chi Minh
전화 : 84-8-38485556

🏨 Liberty Central Saigon Centre (리버티 센트럴 사이공 센터)

등급 : ★★★★
주소 : 179 Le Thanh Ton Street, District 1, Ho Chi Minh
전화 : 84-8-38239269

🏨 Liberty Central Saigon Citypoint (리버티 센트럴 사이공 시티포인트)

등급 : ★★★★
주소 : 59-61 Pasteur Street, District 1, Ho Chi Minh
전화 : 84-8-39151199

🏨 Novotel Saigon Centre (노보텔 사이공센터)

등급 : ★★★★
주소 : 167 Hai Ba Trung Street, District 3, Ho Chi Minh
전화 : 84-8-38224866

🏨 Northern Hotel (노던 호텔)

등급 : ★★★★
주소 : 11 A Thi Sach Street, District 1, Ho Chi Minh
전화 : 84-8-38251751

🏨 Tan Son Nhat Saigon Hotel (탄 손 누트 사이공 호텔)

등급 : ★★★★
주소 : 202 Hoang Van Thu Street, Phu Nhuan District, Ho Chi Minh
전화 : 84-8-35101111

🏨 May Hotel (메이 호텔)

등급 : ★★★
주소 : 28-30 Thi Sach Street, Ben Nghe Ward District 1, Ho Chi Minh
전화 : 84-8-38234501

🏨 A&Em Corner Sai Gon Hotel (A&Em 코너 사이공 호텔)

등급 : ★★★
주소 : 39-39A-41 Thu Khoa Huan Street, District 1, Ho Chi Minh
전화 : 84-8-38239292

🏨 Alagon Western Hotel (알라곤 웨스턴 호텔)

등급 : ★★★
주소 : 28-30 Nguyen An Ninh Street, Ben Thanh Ward District 1, Ho Chi Minh
전화 : 84-8-38232999

Aquari Hotel (아콰리 호텔)

등급 : ★★★
주소 : 9A-9B Thi Sach Street, District 1, Ho Chi Minh
전화 : 84-8-38292828

Asian Hotel (아시안 호텔)

등급 : ★★★
주소 : 146-148-150 Dong Khoi Street, District 1, Ho Chi Minh
전화 : 84-8-38296979

Silverland Central Hotel (실버랜드 센트럴 호텔)

등급 : ★★★
주소 : 14-16 Le Lai, Ben Thanh Ward District 1, Ho Chi Minh
전화 : 84-8-38272738

DDA Hotel District 1 (DDA 호텔 디스트릭트 1)

등급 : ★★
주소 : 183 De Tham Street, District 1, Ho Chi Minh
전화 : 84-28-39208986

Phuc Khanh Hotel (푹칸 호텔)

등급 : ★★
주소 : 9 Yersin, Ben backpacker, Ho Chi Minh
전화 : 84-8-38224335

여행 시 주의사항

휴대폰 날치기

베트남에서는 오토바이 날치기에 주의해야 한다. 길거리에서 휴대폰을 사용할 경우 뒤에서 오토바이가 달려와 손에든 휴대폰을 낚아채어 달아나는 경우가 많다. 또한 식당이나 커피숍에서 테이블 위에 놓고 자리를 떠나서는 안 된다.

물갈이

베트남 물은 석회질이 많아 배탈이 나는 경우가 있다. 물은 검증된 미네랄워터를 마셔야 한다. 그리고 관광지나 길거리에서 판매하는 얼린 물도 구입해서는 안 된다. 물은 수돗물을 받아 얼려서 판매하기 때문에 믿을 수가 없다.

횡단보도 건너기

베트남에서는 차량과 오토바이가 많아 횡단보도를 건너가기가 어렵다. 신호가 없는 곳이 많으며 길을 건널 때는 현지인이 건널 때 같이 건너가던지 서두르지 말고 천천히 좌우를 살피면서 건너야 한다.

택시이용

베트남에서 관광객이 제일 많이 당하는 것이 사기택시 이용이다. 길거리에서 호객행위를 하는 사기택시는 절대 이용해서는 안 된다.

택시는 그랩(Grab)을 사용하여 호출하거나 공인된 택시를 이용해도 되고, 호텔이나 레스토랑에서 직원에게 부탁하는 방법이 있다.

밤길주의

아무리 치안이 안전하다 하더라도 밤에 혼자 돌아다녀서는 안 된다. 사고가 나면 베트남은 자국민 우선이기 때문에 수습하기가 어렵고 신변에 위협을 느낄 수도 있다.

카드사용

베트남에서는 가능한 현금을 사용하는 것이 좋다. 카드를 사용할 경우 사용한 요금보다 많은 금액을 결제할 수도 있다. 부당 결제에 대해서 귀국 후 카드사용 요금을 환불받기가 어렵다. 특히 호텔에 따라 Deposit으로 미리 카드를 결제해두는 경우가 있다. 호텔 출발 전에 호텔에서 사용한 것이 없다면 Deposit해 두었던 카드 결제에 대한 취소 확인을 해야 한다.

호객행위

베트남에서 현지인 또는 한국인으로부터 다양한 권유를 받는 경우가 종종 있다. 여성이 있는 곳을 소개해준다든지, 좋은 사업 아이템이 있다고 권유한다. 처음 만나는 사람은 가능한 접근을 하지 않는 것이 좋다.

현금 지불

베트남 화폐는 단위가 커서 외국인관광객은 계산하기가 어렵다. 계산을 할 때 큰 단위의 화폐를 보여줘서는 안 된다. 항상 작은 단위 화폐를 지불할 수 있도록 준비하는 것이 좋다.

베트남 입국시 유의사항

1. 여권 유효기간은 꼭 6개월 이상 남아있어야 합니다.(입국일 기준)

2. 베트남 출국 후 30일 이내 재입국 시 반드시 비자가 있어야 입국이 가능합니다.

3. 만 14세 미만 입국자의 경우 일행은 반드시 부모님과 함께 입국해야 합니다.
   ※ 부모가 동반하지 않고 다른 성인과 입국 시(조부모 포함) 필요 서류
   → 만 14세 미만 입국자 출생 증명서, 부모 동의서(자유형식), 가족관계 증명서
   ※ 모든 서류는 번역 및 변호사 공증 후 주한 베트남 대사관 영사확인까지 마치고 필히 지참해야 함
   ※ 자녀와 영문 성이 다른 경우 또는 엄마만 동행할 경우 영문 주민등록등본 지참
   (동거하지 않는 경우 가족관계증명서까지)
   ※ 공증은 공증 사무실에서 개별로 진행하셔야 하며 별도의 비용이 발생
   (공증 사무실 별로 상이)

4. 무비자 입국 시 도착일이 명시된 E-TICKET을 반드시 소지해야 합니다.

5. 한국, 노르웨이, 덴마크, 핀란드, 스웨덴, 러시아, 일본, 영국, 프랑스, 독일, 이탈리아, 스페인 국적자는 15일 이내 무비자 입국 가능 국가입니다. (해당국 여권 필참)
   ※ 위 7개국 이외의 국적인 고객은 비자를 필히 소지하셔야 합니다.
   ※ 비자 관련하여 당사 안내 후 필요한 서류 미 지참으로 인해 발생되는 문제(입국 불가 등)에 대해 당사의 귀책 사유는 없음을 안내해드립니다. 또한 여행객 개인의 출입국 내역 확인도 당사자 외에는 불가함으로 반드시 본인이 직접 확인하셔야 합니다.

6. 여권이 훼손되어 있을 경우, 베트남 입국이 불가합니다.
   (사증내 스티커 부착, 출입국과 관련되지 않은 직인, 낙서, 찢김 등)

베트남관광 일정표

▌하노이관광 일정표 (3박 4일) ▐

일 자	일 정	숙 박
1일차	▶ 한국 출발 ⇒ 하노이 도착 ▶ 하노이 출발 ⇒ 하롱베이 이동 (약 4시간 소요)	하롱베이
2일차	▶ 하롱베이 관광 (관광유람선 이용) ▶ 하롱베이 ⇒ 하노이 이동 ▶ 수상인형극 관람	하노이
3일차	▶ 하노이 ⇒ 옌뜨 이동 (약 2시간 소요) ▶ 옌뜨 관광 (케이블카, 화옌사) ▶ 하노이 시내관광 (호안끼엠호수 산책, 호치민 생가, 호치민 묘, 호치민 박물관 등)	하노이
4일차	▶ 하노이 시내관광 (역사 박물관, 소수민족 박물관, 여성 박물관 등) ▶ 하노이 출발 ⇒ 한국 도착	

▌다낭관광 일정표 (3박 4일) ▐

일 자	일 정	숙 박
1일차	▶ 한국 출발 ⇒ 다낭 도착 ▶ 바나힐 국립공원 관광 (케이블카+골든브릿지 등) ▶ 바나산 ⇒ 후에 이동	후에
2일차	▶ 후에 시내관광 (후에 왕궁, 티엔무 사원 등)	후에
3일차	▶ 후에 ⇒ 다낭으로 이동 (1시간 소요) ▶ 다낭 시내관광 (다낭 대성당, 참조각 박물관 등) ▶ 다낭 ⇒ 호이안 이동 (약 30분 소요) ▶ 호이안 시내관광 (도자기무역 박물관, 딴 끼 가옥 등)	다낭
4일차	▶ 다낭 시내관광 (미케비치, 용다리, 한 시장 등) ▶ 다낭 출발 ⇒ 한국 도착	

나트랑관광 일정표 (4박 5일)

일 자	일 정	숙 박
1일차	▶ 한국 출발 ⇒ 나트랑 (깜란국제공항) 도착	나트랑
2일차	▶ 나트랑 시내 ⇒ 빈펄랜드 이동 (보트 이용) ▶ 빈펄랜드 자유 시간 (워터파크, 놀이공원 등)	빈펄랜드
3일차	▶ 빈펄랜드 자유 시간 (워터파크, 놀이공원 등)	빈펄랜드
4일차	▶ 빈펄랜드 ⇒ 나트랑 시내 이동 (보트 이용) ▶ 나트랑 시내관광 (담 재래시장, 나트랑 대성당 등)	나트랑
5일차	▶ 나트랑 출발 ⇒ 한국 도착	

호치민관광 일정표 (3박 4일)

일 자	일 정	숙 박
1일차	▶ 한국 출발 ⇒ 호치민 도착 ▶ 호치민 시내관광 (통일회당, 전쟁 박물관 등)	호치민
2일차	▶ 호치민 ⇒ 미토 이동 ▶ 메콩델타 관광	호치민
3일차	▶ 구찌터널 박물관, 까오다이교 사원 관광 ▶ 사이공강 야간투어 (유람선)	호치민
4일차	▶ 호치민 시내관광 (노트르담 대성당, 벤탄시장 등) ▶ 호치민 출발 ⇒ 한국 도착	

베트남 이야기

쥐 고기

각 국가마다 이색적인 요리가 많다. 한국은 누에의 요충인 번데기를 먹기도 하고, 일본은 벌의 요충인 벌의 애벌레를 먹는다. 그리고 중국은 원숭이 골을 먹기도 한다. 특히 ASEAN 국가에는 이색적인 음식이 많다. 캄보디아에서는 귀뚜라미, 거미, 벌 등을 먹는데, 귀뚜라미는 번화가 쇼핑센터에서도 쉽게 구입할 수 있을 정도로 흔하다. 한편 베트남 사람들은 쥐 고기를 먹는다. 쥐는 일반 가정의 하수구에서 잡은 쥐가 아니라 논에서 살고 있는 쥐로서 집 주변에서 잡은 쥐보다 악취가 심하지 않다. 추수가 끝나면 베트남 사람들은 쥐를 잡기 위해 논두렁의 쥐구멍을 찾는다. 쥐를 잡는 방법은 볏집을 태워 연기를 쥐구멍으로 들어가게 함으로써 땅속에 있는 쥐들이 연기에 놀라 쥐구멍 밖으로 나오게 하여 잡는다. 쥐를 잡는 시기는 벼 수확기로서 여러 사람들이 모여 쥐를 잡는데, 많이 잡을 때는 100마리까지 잡는다고 한다.

잡은 쥐의 요리법은 여러 가지가 있다. 점토 단지 안에 쥐를 넣고 불에 구워 익힌 쥐를 생선 간장에 찍어서 먹기도 하고, 통째로 구워서 바비큐로서 먹기도 한다. 맛은 닭고기나 사슴 고기 맛이 난다고 한다.

베트남
관광 · 비즈니스

Ⅲ. 경제현황

베트남 경제

베트남은 1986년 개혁·개방 이후 지난 30여 년간 중국 다음으로 높은 연평균 6.6%의 고도성장을 달성하며 저소득국에서 중소득국으로 도약하고 있다.
2016년에는 평균 12.4%의 최저임금 인상 등을 통한 민간 소비증가, 정부의 규제완화 정책 및 지역경제통합에 따른 수혜 전망 등으로 외국인직접투자(FDI:Foreign Direct Investment)가 증가함에 따라 6.2% 성장하였다. 이러한 2016년의 성장률은 가뭄, 해양오염으로 인한 농업부문 등 1차산업의 부진으로 2015년과 비교하여 감소한 것이다. 그러나 최저임금 인상에 따른 민간소비 증가, 제조업과 건설업의 지속적 성장, 외국인직접투자 증가 등으로 성장은 지속되고 있다. 2017년 경제성장률은 광업부문의 위축에도 불구하고 수출지향 제조업 부문 호조와 민간소비 증가, 외국인직접투자 유입에 따라 2016년 대비 소폭 상승한 6.8%를 달성하였다.
2018년 경제성장률은 7.1%로 정부 목표인 6.5~6.7% 보다 증가하였다. 2008년에 발생한 세계경제위기 이후 10년간 가장 높은 성장률을 기록했다.
베트남은 한국의 3대 수출시장(중국, 미국, 베트남 순)이자 4대 교역국(중국, 미국, 일본 베트남 순)으로 한국의 매우 중요한 교역 상대국이다. 2018년 한국과 베트남의 교역 규모는 682억 달러를 달성하였다. 이는 1992년 한국과 베트남 국교수립 이래 130배 이상 성장했다. 특히 베트남은 한국의 ASEAN 국가에 대한 제1위 교역대상국으로 비중은 약 43%에 달한다.
투자부문에서도 베트남은 한국의 3대 투자 대상국으로 부상했다. 한국은 2018년 누적 기준 약 626억 달러를 베트남에 투자하여 최대 투자국으로서 지위를 유지하고 있다. 주요 투자 업종은 제조업, 부동산, 건설, 물류 등으로 제조업투자 비중이 74%로 가장 높다.

┃베트남 경제현황┃

년 도	2015	2016	2017	2018
GDP 성장률(%)	6.7	6.2	6.8	7.1
1인당 GDP(달러)	2,087	2,173	2,306	2,590
소비자 물가상승률(%)	0.6	2.7	3.5	3.5
실업률(%)	3.3	3.2	3.2	3.1
이자율(%)	6.5	6.5	6.25	6.25
환율(동/1달러)	21,698	21,935	22,370	22,602

자료 : 한국수출입은행 및 JETRO 홈페이지, 2019년

산업별 구조

전기·전자

2000년대 초반 한국과 일본의 가전회사가 내수용 제품생산에 투자를 시작한 이후 2008년부터 본격적으로 베트남 전기·전자산업이 도약하기 시작했다. 이전 베트남의 전통적인 1위 수출산업은 섬유·의류 분야였으나 2013년 이후 휴대폰, 전자제품 및 부품이 베트남 수출의 견인역할을 하고 있다.

2018년 상반기 베트남의 1위와 3위 수출품은 휴대폰과 전자·컴퓨터, 관련부품이다. 전기·전자분야 수출액 중 외국인직접투자투자 기업이 차지하는 비율이 약 95%이며 휴대폰 및 부품을 제외하면 99.8%를 외국인직접투자 기업이 차지하고 있다.

베트남 기업의 경우 글로벌기업과의 기술력 차이 및 판로확보의 어려움과 미진한 정부의 정책적 지원 등으로 인해 사실상 자립하기 힘든 상황에 있다. 장기적 관점에서 외국인직접투자 기업과 로컬 전기·전자 기업과의 기술적 차이는 좁히기 힘든 상황으로 수출 및 내수시장 모두 한국과 일본 기업 간에 경쟁이 지속될 것으로 보고 있다.

섬유·의류

2017~2018년 상반기 베트남의 섬유·의류 수출은 평균 12.9% 이상으로 가파른 증가를 보이고 있다. 섬유·의류는 베트남의 제2위 수출품목으로 2017년 기준 섬유·의류 수출액은 2016년 대비 10.2% 증가하였다. 섬유·의류산업의 주요 경쟁국 간 경쟁력 확보를 위한 적극적 지원 정책이 필요한 상태다.

건설

2017년 베트남 건설시장 규모는 2016년 대비 8.7% 증가한 127억 달러를 기록하였다. 이는 베트남 총 GDP의 5.73%에 해당한다. 2019년 베트남 건설시장 규모는 태국과 싱가포르를 추월하고, 2027년 347억 달러 규모의 건설 시장이 될 것으로 예측하고 있다. 베트남은 2017년 기준으로 베트남 내의 전체 건설사 수는 1만3,510개사로 2016년보다 78개사 증가하였다.

철강

베트남 국내 철강 생산량은 급증하고 있으나 수입량 증가세는 여전하다. 최대 철강 수입시장은 중국이고, 수출시장은 캄보디아다. 2018년 상반기 베트남 전체 철강 수입량 688만 톤 중에서 중국이 47%로 1위를 차지하였고, 한국은 13%로 3위를 차지했다. 같은 기간 베트남의 총 철강 수출량은 전년도보다 38.3% 증가한 280만 톤을 기록하였다. 캄보디아에 대한 수출량은 59만5,760톤으로 가장 많아 1위를 차지하였고, 한국은 5%로 7위를 차지하였다.

IT

2016년 전자상거래 시장 규모는 약 50억 달러로 추정하고 있으며 향후 4년 뒤에는 100억 달러를 예상하고 있다. 2017년 베트남 전자상거래 시장 규모는 전년도보다 25% 이상 증가하였다.
2017년 베트남의 전자상거래 이용자는 336만 명으로 2015년 및 2016년보다 증가하였다. 전자상거래를 통한 1인당 평균 구매 금액은 2017

년 186 달러이고, 2017년 기준 베트남 전자상거래 시장 규모는 베트남 전체 소매유통 시장의 3.6% 수준이다. 그러나 전자상거래 이용을 염려하는 주요 원인으로 품질, 판매처의 신뢰 부족, 개인정보 유출 등이 있다.

자동차 및 자동차부품

2018년부터 시작되는 ASEAN 역내 관세 철폐로 시장판매가 하락을 기대하는 소비자들의 구매 감소로, 2017년 베트남 자동차 판매는 전년도 보다 하락하였다. 2017년 베트남에서 판매된 자동차 수는 2016년보다 10% 감소한 27만2,750대다. 수입 자동차 판매는 2016년보다 9% 상승한 것으로 나타났다.

새로운 베트남 정부의 규제 발표로 일본, 태국, 미국 등의 주요 수출업자의 베트남 내 완성차 판매는 불가능한 것으로 보고, 강한 우려를 표출하고 있다. 베트남 정부는 2014년부터 ASEAN 상품무역협정 철폐 시점인 2018년 이후 국내 자동차 제조·조립공장 유지 및 로컬 산업 성장을 위한 대책을 마련해 왔다.

한편 ASEAN 국가에서 생산한 자동차에 대한 수입관세 인하로 태국이 1위의 수입국이 되었고, 기존 1위와 2위였던 중국과 한국은 자동차 판매 순위가 한 단계씩 하락하였다.

유통

유통산업은 베트남 산업 중 가장 높은 성장률을 보이고 있는 시장이다. 2017년 베트남 유통시장 규모는 약 1,290억 달러로 2016년보다

11% 성장하였다. 베트남 유통시장의 약 50%는 외국 기업이 차지하고 있으며 외국 기업의 유통시장 점유율은 향후 더 늘어날 전망이다.

부품·소재산업 육성정책

글로벌기업의 현지 투자진출이 강화되고, 제조업이 고도화됨에 따라 베트남 정부는 부품·소재산업 육성을 위한 마스터플랜을 수립하며 투자유치를 확대하기 위한 각종 지원정책을 세우고 있다.

┃ 부품·소재산업의 투자 인센티브 ┃

우대분야	세부사항
법인세우대	• 초기 4년간 면세 및 이후 9년간 50% 적용 • 투자기간 15년간 10% 적용
수입세우대	• 기계류 수입세 면제(24인승 차량, 부속품, 몰드, 액세서리, 베트남 국내 미생산 원자재 및 건축자재 등
부가가치세우대	• 부품·소재산업 품목 관련 수입소득에 대해서는 월/년 단위 부가가치세 신고(월/분기별 신고가 일반적)
신용대출우대	• 정부 투자재원으로부터의 대출금리와 상응하는 금리 적용 • 베트남 중앙은행이 고시한 상한금리를 초과하지 않는 범위 내에서 시중 현지 은행 또는 외국계 은행으로부터 베트남 동화 단기 대출금리 적용 가능
환경보호관련산업 인센티브	• 부품·소재산업 프로젝트 내 환경 보호와 관련해서는 베트남 환경보호 펀드를 통한 특혜 대출 지원
중소기업 추가 인센티브	• 신용보증기관의 보증을 통해 금융기관으로부터 투자금의 70% 대출 지원 • 토지 임대료 및 수면 임대료 감면 및 면제

자료 : KOTRA 호치민 무역관 종합, 2019년

교역현황

무역수지

베트남의 수출입 규모는 외국인직접투자의 꾸준한 증가, FTA의 확장 등 글로벌경제의 통합 가속으로 인해 매년 증가하고 있다. 무역수지는 2015년을 제외하고는 매년 흑자 규모가 크게 증가하는 것으로 나타났다.

무역수지현황

(단위 : 백만 달러)

구 분	2015년	2016년	2017년	2018년
수출	162,017	176,581	215,119	243,483
수입	165,570	174,804	213,007	236,688
무역수지	-3,553	1,777	2,112	6,795

자료 : 베트남 세관총국, 2019년

국가별 수출현황

베트남은 수출 호조로 총수출은 GDP와 비교하여 2014년에 86.9%에서 2018년에는 106.8% 수준으로 지속적으로 증가하였다. 총수출 증가율도 2016년에 16.9%에서 2017년에는 29.1%로 상승하였다.
2018년 국가별 수출실적을 보면, 미국에 475억 달러를 수출하여 1위 국가로 나타났고, 다음이 중국으로 412억 달러다. 일본과 한국은 각각 188억 달러, 182억 달러로 3, 4위다.

국가별 수출현황

(단위 : 백만 달러)

국 명	2015년	2016년	2017년	2018년
미국	33,465	38,450	41,592	47,526
중국	17,109	21,960	35,404	41,268
일본	14,132	14,671	16,859	18,851
한국	8,921	11,406	14,819	18,205
홍콩	6,962	6,088	7,582	7,955
네덜란드	4,761	6,012	7,105	7,076

자료 : 베트남 세관총국, 2019년

품목별 수출현황

베트남의 대외수출은 각종 전화기 및 부품, 섬유·직물, 신발류, 전기·전자제품 및 부품이 전제 수출의 50% 이상을 차지하고 있다. 특히 미국과 무역협정으로 섬유·직물의 수출이 급증하고 있다. 최근 베트남의 수출품목으로 두드러지는 제품은 휴대전화인데 베트남 수출을 주도하는 제품으로 급속하게 부상하였다.

| 품목별 수출현황 |

(단위 : 백만 달러)

수출품목	2017년	2018년
전화기·부품	45,271	49,219
봉제품	26,120	30,477
컴퓨터 전자제품·부품	25,978	29,562
기계설비·부품	12,913	16,359
신발류	14,478	16,236
목제·목제품	7,702	8,907
수산물	8,309	8,787
수송기기·부품	7,017	8,018
카메라 등	3,801	5,239
철강	3,147	4,547

주 : FOB가격
자료 : 베트남 세관총국, 2019년

국가별 수입현황

베트남은 '수출거점형제조업'의 높은 수출증가율과 부품소재산업 등 전변산업이 취약하여 원부자재에 대한 수입을 촉진하고 있다.
최근 3년간(2015~2017년) 베트남의 수입시장은 연평균 13.2% 속도로 꾸준한 확장세를 보이고 있다. 2016년에 다소 둔화하였으나 2017년 들어서 내수 자본재 수요 증가를 기반으로 예년의 성장속도를 회복하였다. 2018년 상반기에는 전년 동기 대비 9.6% 수입액 증가율을 기록하였다.
2018년 상반기 기준으로 베트남의 수입액 90% 이상이 생산재 수입액이며 생산재 가운데서도 원료, 반제품 등 중간 생산재 품목의 수입액 비중이 가장 높다. 2018년 상반기 소비재 수입액은 약 93억 달러로, 2017년 보다 6.9% 증가하였다.

2018년 국가별 수출실적을 보면, 중국이 654억 달러를 수입하여 1위 국가로 나타났으며 다음이 한국으로 474억 달러다. 일본과 대만은 각각 190억 달러, 132억 달러로 3위와 4위다. 베트남의 최대 수출 국가인 미국은 5위로 127억 달러다.

┃국가별 수입현황┃

(단위 : 백만 달러)

국 명	2015년	2016년	2017년	2018년
중국	49,499	50,019	58,592	65,438
한국	27,631	32,163	46,961	47,479
일본	14,360	15,064	16,977	19,011
대만	10,992	11,235	12,727	13,228
미국	7,793	8,702	9,349	12,753

자료 : 베트남 세관총국, 2019년

품목별 수입현황

베트남의 주요 수입품은 산업화단계에서 요구되는 각종 기계·설비 및 부품, 석유화학제품, 철강제품, 기타 원부자재 등 완제품생산을 위한 각종 중간재·자본재가 중심이다.

품목별 수입현황

(단위 : 백만 달러)

수출품목	2017년	2018년
컴퓨터 전자제품·부품	37,774	43,135
기계설비·부품	33,882	32,878
전화기·부품	16,435	15,920
면직물	11,381	12,772
철강	9,077	9,900
플라스틱원료	7,582	9,083
석유제품	7,065	7,636
금속류	5,860	7,257
플라스틱제품	5,465	5,924
섬유·가죽 원재료	5,429	5,711

주 : CIF가격
자료 : 베트남 세관총국, 2019년

수입금지 품목

베트남은 부도덕적(depraved)이거나 반동을 상징하는(reactionary) 문화상품, 특정 어린이 장난감, 중고 소비제품, 중고 자동차 부품, 30마력 이하의 중고 내연기관, 암호화 장비 및 소프트웨어에 대해 수입을 금지하고 있다.

- 무기, 탄약, 폭발물(산업용 폭약 제외), 군사기술 설비
- 주행 속도 측정기를 방해하는 설비

- 베트남 국내에서 보급·유통이 금지되는 출판제품
- 우편법 관련 규정에 따라 판매, 교환, 전시, 보급이 금지되는 우표
- 전파법 전파기준치 또는 기술표준을 충족하지 않은 무전장치, 전자파 발생장치
- 베트남 국내에서 보급·유통이 금지되거나 보급이 정지된 문화제품
- 엔진 번호가 삭제 또는 수정된 자동차 및 그 부품 또는 각종 오토바이
- 자동차, 트렉터, 오토바이 등 운송 차량에 사용하는 프레임, 타이어 및 튜브, 부속품 및 엔진, 자동차나 트랙터 엔진의 샤시, 프레임 번호 또는 엔진 번호가 삭제된 차량, 구급차, 오토바이, 자전거 등 중고제품
- 로테르담 조약 부록3에서 규정된 화학제품
- 베트남에서 사용이 금지된 식물보호 약
- 고철, 폐기물, 프레온 가스를 사용하는 냉장 장치
- 석면을 함유한 제품
- 화학 무기 금지 조약 및 법령에 규정된 제1종 유독 화학제품

한국-베트남 교역관계

한국과 베트남은 1992년 수교 이후 정상 방문, 공동성명 등을 통해 양국 관계를 꾸준히 격상함으로써 정치·외교·경제 부문에서 우호관계를 유지하고 있다.

2001년 '21세기포괄적동반자관계'를 선언한 데 이어, 2009년에는 전략적협동반자로 관계를 격상하였으며 2014년 FTA를 최종 타결하였다. 베트남의 주요 교역대상국은 중국, 미국, 한국, 일본 등으로 4개국의 교역 규모가 전체 교역액의 53.7%를 차지하였다. 대미 교역에서는

흑자를 지속하는 반면, 중국과 한국에게는 만성적인 적자를 기록하고 있으며 일본과는 흑자와 적자를 반복하는 등 전체적으로 균형을 유지하고 있다. 한국은 베트남의 제3위 교역대상국이다.

베트남은 2014년 한국의 제6위 수출대상국이었으나, 2015~2016년에는 싱가포르와 일본을 추월하여 제4위 수출대상국이 되었고, 2017년에는 홍콩을 앞질러 제3위 수출대상국이 되었다. 한국의 베트남과의 교역은 지속적인 성장세를 보여 2017년 기준 교역 규모는 2016년보다 증가한 63,931백만 달러를 기록하였다.

2017년 베트남에 대한 수출은 47,754백만 달러이고, 수입은 16,177백만 달러다. 한편 2018년 수출은 48,622백만 달러로 2017년보다 증가하였다. 수입 역시 2017년 보다 증가한 19,643백만 달러로 나타났다. 향후 한국의 베트남에 대한 투자 패턴이 점차 고부가가치 산업으로 변화함에 따라 수출 품목은 점차 다양화될 것으로 보이고, EU-베트남 FTA, 한국-베트남 FTA, AEC(아세안경제공동체) 등 베트남의 시장개방 확대에 따라 양국의 교역량은 더욱 빠르게 증가할 것이다.

┃ 한국의 대베트남 수출입현황 ┃

(단위 : 백만 달러)

년 도	수출액	수입액	무역수지
2015	27,771	9,805	17,966
2016	32,630	12,495	20,135
2017	47,754	16,177	31,577
2018	48,622	19,643	28,979

자료 : 한국무역협회, 2019년

품목별 수출입현황

한국의 베트남에 대한 수출은 한국 기업의 현지 투자가 활기를 띠면서부터다. 이들 투자기업의 각종 설비·원부자재 수요 증가 영향과 베트남 신도시 개발계획 추진 등 건축, 건설경기 활성화 관련된 품목이 증가한 요인으로 본다.

한국의 베트남 수출 상위 품목을 보면, 원부자재 및 자본재의 수출 비중이 소비재보다 절대적으로 높다. 특히 최대 투자 산업인 전자, 섬유·봉제 관련 품목 비중이 높다. 주요 품목으로는 반도체, 평판디스플레이, 무선통신기기, 기구부품, 석유제품 등이다.

최근 한류를 이용하여 화장품, 식품 등 소비재 수출이 활기를 띠고 있으나 베트남 내수 소비시장 경쟁 심화로 기대만큼의 증가세는 보이지 않는다. 한국-베트남 FTA는 기존 한국-ASEAN FTA보다 개방수준이 높고 원산지 기준이 개선됨에 따라 한국 기업의 베트남시장 진출은 기회가 더욱 늘어날 것으로 보고 있다.

한국이 베트남에서 수입하는 품목은 섬유제품, IT기기, 광물성연료, 수산물, 임산물, 신변잡화 등으로 수산물, 농산물을 제외한 섬유·의류제품, IT기기, 신변잡화 등이다. 공산품 수입은 주로 현지 한국 투자기업들로부터의 역수입이 주류를 이룬다.

한국이 베트남에서 수입하는 5대 품목은 무선통신기기, 의류, 잡화, 평판디스플레이 및 센서, 컴퓨터로 총 수입액에서 50% 이상을 차지하고 있다. 이외에도 베트남의 다양한 농·수산물이 한국으로 수입되고 있다. 한국-베트남 FTA체결을 통해 보다 많은 베트남제품이 수입되고 있다.

┃한국의 대베트남 수출입품목┃

(단위 : 백만 달러)

품 목	수출금액	수입금액	무역수지
직접회로 반도체	10,023	263	9,759
평판디스플레이	8,892	1,132	7,760
무선통신기기부품	2,541	3,506	−965
합성수지	1,659	25	1,634
인쇄회로	1,773	323	1,449
광학기기부품	927	194	822
휘발류	1,227	104	1,226
편직물	1,107	013	1,093
기타 플라스틱제품	941	127	814
개별소자반도체	879	117	761

주 : 2018년 기준
자료 : KOTRA, 2019년

관세제도

1998년 후반에 베트남 국회는 수출입 관세에 관한 법률을 개정했다. 이 개정법에서는 세계 경제에 편입되기 위해 관세율을 세계 표준인 HS 코드 체계에 맞추었다. 이 관세율에는 약 6,400개 품목에 이르는 상품별 관세율이 HS코드에 따라 정해져 있다.
품목분류(HS코드)는 2012년부터 ASEAN 공동으로 사용하는 AHTN 8단위 분류방식을 사용하고 있다. 이에 따라 품목분류는 고정적이나

세율은 재무부 시행규칙으로 매년 조정해 발표하고 있다. 품목분류는 원칙적으로 신고자 스스로 정해 신고해야 한다. 관세기관이 인정할 수 없는 경우 자료검토, 샘플채취 후 재결정 된다. 이 재결정에 신고자가 불복하는 경우 재분류 요청 민원을 제기가 가능하다.

베트남은 국제사회진출 강화를 위해 국제 수준에 준하는 관세율 체제를 확립하고자 기존 일반관세율, 특별관세율 2가지로 분류되어 있던 관세율 체제에서, 1999년 1월 1일부로 '일반관세율, 특혜관세율, 특별특혜관세율' 등 3가지로 분류되는 새로운 관세제도를 적용하고 있다. 한국은 2007년 6월 1일에 발효한 한-ASEAN 자유무역(AKFTA:Asean Korea Free Trade Area)협정에 따라 품목별 특별 특혜 관세율을 적용받기 시작했다.

일반관세율(Ordinary rates)

우대관세율 또는 특혜관세율 적용 대상에 해당되지 않는 수입품에 대해 적용되는 관세율이다. 베트남은 품목별로 적용되는 우대관세율의 150%를 일반관세율로 정한다. 단, 우대관세율이 0%인 품목에 대해서는 수출입세법 10조에서 규정한 관세율 부과 원칙에 의거하여 정부 총리가 결정하도록 규정한다.

특혜관세율(Special preferential rates)

베트남과 FTA 등 특혜관세협정을 체결한 국가를 원산지로 하는 수입품 또는 베트남과 특혜관세협정 관계에 있는 국가를 원산지로 하며 자유무역지대에서 국내 시장으로 수입되는 재화에 적용된다.

우대관세율(Preferential rates)

베트남과의 통상관계에서 최혜국대우(MFN, Most Favoured Nation)가 적용되는 국가(국가 집단 및 영토 포함)를 원산지로 하는 수입품 또는 최혜국대우국가를 원산지로 하며 자유무역지대에서 국내 시장으로 수입되는 재화에 적용된다.

베트남의 관세율 부과 원칙

① 베트남 자체적으로 국내 수요를 충족할 수 없는 원부자재의 수입을 장려하며 첨단·원천 기술의 발전과 에너지 절감 및 환경 보호에 초점을 두었다.
② 국가 사회·경제 발전 지향하며 및 베트남이 체결한 국제 조약의 수출입 관련 협약에 부합해야 한다.
③ 베트남 국내 시장 및 국가 재정수입 안정에 기여해야 한다.
④ 납세자의 편익을 도모할 수 있는 절차의 간소화와 투명화를 실현하고, 조세행정개혁을 이행해야 한다.
⑤ 유사한 성질·용도·기능을 지닌 재화에 대해 균일한 관세율을 적용하는 것과 동시에 완제품에서 원료에 가까워질수록 점차 감소하는 수입세율(관세율)과 같은 조건에서 점차 증가하는 형태의 수출세율이 산정되어야 한다.

한국-베트남 FTA

한국-베트남 FTA는 2012년 9월 협상개시 이후 총 9차례 공식 협상을 거쳤다. 2014년 12월에 실질 타결되어 2015년 5월 5일 하노이에서 정식 서명되었다. 지난 11월 30일 국회에서 비준되었다. 그리고 한국과 베트남 양국 정부는 한국-베트남 FTA를 2015년 12월 20일 발효되었다. 한국-베트남 FTA를 통해 섬유·직물, 자동차부품 등 한국 기업의 중간재 수출뿐만 아니라, 최근 진출이 활발한 가전·화장품 등에 대한 관세 철폐로 중소기업 품목의 수출 증가 효과가 예상된다. 2016년은 한국-베트남 FTA 발효 2년차로서 본격적인 FTA 활용을 통해 한국 기업의 베트남에 대한 수출에 큰 도움이 될 것으로 기대된다.

┃한국-베트남 FTA현황┃

구 분	내 용
추진과정	• 2012.8.6 협상개시(총 9차례의 협상 진행) • 2014.12.10 실질적 타결 • 2015.5.5 정식 서명 • 2015.11.30 비준안국회통과
발효	• 2015.12.20 발효
의의	• 한국이 타결한 열다섯 번째 FTA이자, 한국·ASEAN FTA 첫 개별국가 업그레이드 협상 • 기존 한국·ASEAN FTA상 양국 간 불균형한 상품 양허수준을 개선
효과 및 기대	• 민간 품목군 추가 개방을 통한 수출확대 기대 • 성장잠재력이 풍부한 거대 내수소비시장으로의 진출여건 마련 • 건설 및 도시계획·조경, 기계·장비 임대 등의 서비스 분야 추가 개방됨에 따른 한국 기업의 진출 가능 분야 확대 • 투자자 보호를 위한 장치 마련으로 베트남 진출 한국기업의 투자여건 개선 기대

한국-베트남 FTA 품목 양허현황

주요 품목(관세율)	양허유형
세탁기(25%), 냉장고(25%), 에어컨(30%), 전기밥솥(20%)	10년 철폐
믹서(25%)	5년 철폐
화장품(10~25%)	10년 철폐
자동차 부품(7~25%)	5~15년 내 철폐
차량용 엔진(5~25%)	3~7년 철폐
화물자동차(5~20톤/30%), 승용차(3,000cc초과/68%)	10년 철폐
합성섬유, 면직물, 섬유제품(12%)	3~10년 철폐
아연도강판(5%), 동조가공품(5~10%), 철강제가공품(10%)	7~10년 철폐

베트남 특별소비세 세율

과세대상 재화 및 서비스	특별 소비세율
담배	65%
맥주 이외의 주류	25~50%
맥주	50%
오토바이(2~3인승)	20%
비행기, 요트	30%
가솔린, 에어컨(90,000BTU 이하)	10%
카드(Playing card)	40%
도박, 카지노, 슬롯머신	30%
디스코텍	40%
마사지, 카라오케	30%
복권	15%
골프	20%

주1) : 승용차제외
주2) : 특별소비세는 특정재화의 용역의 생산 및 수입에 대해서 관세와는 별도로 수입업체 또는 생산업체에 부과하는 세금이다.

비관세장벽

인증제도

베트남은 약 5,000개 이상의 표준 규격에 관한 규정이 있다. 이중에 약 1,000개는 국제표준을 베트남 국내 표준으로 인정하고 있다. 그러나 베트남은 국제 표준협회의 회원국임에도 표준규격에 관한 제도가 복잡하고 일부 제품에 대한 표준 규격은 국제 표준보다 높거나 낮은 경우가 있으며 제품에 따라 항목 분류기준이 부재한 경우도 많다. 따라서 제품별 표준 규격에 관한 정보는 무역거래 전에 반드시 확인해야 하고, 이 기준에 따라 표준 규격이나 제품 수입인증 절차를 거쳐야 한다. 특정 제품에 대한 표준 규격에 관한 정보는 수입업자나 현지 거래처를 통해 받거나 과학기술부 산하 베트남 품질 및 표준규격위원회를 통해서 확인하는 것이 용이하다.

- 보건부 소관 검사대상 품목
  일반 X-ray 진단기, 의료용 주입설비, 고무판 X-ray 차단물체, 건열멸균설비, 증기멸균설비, 환자용 산소농도 모니터기, 의료용 산소농축기, 마취기, 인공호흡기, 유독물질, 미생물 퓨움 배출 후드, 수술용 램프

- 교통부 소관 검사 대상 품목
  선박용 기중기, 크레인, 이동 고소작업대, 지게차, 리프트설비, 화물 운반기기, 자주식 불도저, 그레이더, 스크레이퍼, 샤블, 굴착기, 도로용 롤러, 도로공사용 장비, 트랙터, 트럭트레일러, 운전자를 포함한 10인승 초과 자동차, 여객운송용 자동차와 기타 차량, 화물운송용 자동차, 특수 목적 자동차, 엔진이 장착된 차대, 세단형

포함한 차체, 스쿠터를 포함한 오토바이, 트레일러 및 세미 트레일러, 수송분야용 보일러, 수송분야용 가압탱크, 수송분야용 다리형 기중기, 갠트리 기중기

- 건설부 소관 검사 대상 품목
  포틀랜드시멘트(인조시멘트), 혼합 포틀랜드시멘트, 포촐라나(화산회) 포틀랜드시멘트, 내황산 포틀랜드시멘트, 백색 포틀랜드시멘트, 중용 포틀랜드 시멘트, 석면 슬레이트 시멘트, 바닥과 지붕용 콘크리트 블록

- 노동보훈사회부 소관 검사대상 품목
  산업용 안전모, 안면 방진마스크, 절연장갑, 절연장화, 분진마스크, 용접용 안면 보호대, 압력용기(기체를 담는 탱크, 배럴, 통, 병, 전기보일러), 리프트설비(운송부 품목 제외), 보일러, 사람용 권양기, 엘리베이터, 에스컬레이터

- 과학기술부 소관 검사 대상 품목
  오토바이 헬멧, 어린이용 교통헬멧, 열연철근과 건설용 콘크리트 열연 철근, 콘크리트 압축 응력용 강철선, 450/750KV PVC 절연 전선, 순간 전기온수기기, 전기보온온수기기, 담금 방식 온수기기, 헤어 드라이기 및 기타 용구, 손건조기, 전기다리미, 전자레인지, 전기밥솥, 전기주전자, 전기스토브, 전기 오븐, 전기냄비, 전기 그릴, 커피 및 차 내림기, 전기선풍기, 무연휘발유, 디젤연료, 3세 이하 장난감

통관 및 운송

통관제도

베트남의 일반적인 수입 통관의 종류는 일반적으로 일반무역과 가공무역형태로 구분된다.

- 일반무역은 모든 형태의 상업적 물품의 통관을 통칭하나 일부 물품의 특수성으로 인하여 통관상 특례를 정해 놓은 규정도 있다. 베트남의 일반적인 수입 통관 절차는 ① 수입신고 → ② 세관 서류 심사 → ③ 물품 검사 → ④ 관세 등의 납부 → ⑤ 물품 반출 순서로 이루어진다.

- 가공무역은 수입원재료를 공업단지나 수출가공구에서 제조·가공하여 국내 판매 또는 수출을 목적으로 하는 형태를 의미한다. 수출물품의 임가공과 제조를 위해 수입되는 원료·물자는 수입부터 제품생산 과정과 제품이 수출 또는 국내 판매되는 등 사용 목적이 변경될 때까지 세관의 검사와 감시를 받아야 한다.

- 수출물품 임가공 업체는 수입 원료·물자 사용에 있어 관세기관에 수출물품 임가공, 제조 작업장을 관세기관에 통보하고, 수출용 물품의 수입 원료와 물자는 해당 용도에만 사용해야 한다. 다음과 같은 의무를 이행해야 한다. 단, 사용 목적 변경 시 수입 원료와 물자에 대한 통관 수속을 진행해야 한다.

- 수출물품과 수출용 원료와 물자는 제조구역 내에 보관하여야 한다. 단, 제조구역 밖에 보관하는 경우, 관세기관의 동의를 받아야 한다.

- 임가공 또는 제조 공장에 반출입하는 물품에 대해 적절히 보관하고 회계처리, 통계, 장부, 데이터 등에 대한 입증서류를 구비하는 등 관리 시스템을 구축해 이를 충분히 이행해야 한다. 단, 업체는 관세기관이 검사할 때는 장부, 입증서류 및 물품을 제시해야 한다.

- 업체는 법률 규정에 따라 해당 관계기관에 수입 원료와 물자의 관리·사용내역·결산을 보고해야 한다. 베트남의 수출통관은 수입통관보다는 절차적인 부분에서 좀 더 간소해 통관 소요시간이 짧은 편이지만 수출세 부과대상 또는 수출 허가대상인지에 따라 통관시간이 길어질 수 있다.

- 베트남의 일반적인 수출 통관 절차는 ① 선사 또는 운송 주선인에게 선복 예약 → ② 수출 선적서류 준비 및 전자통관 시스템을 통한 수출 신고서 전송 또는 서면 수출 신고서의 제출 → ③ 세관의 수출 신고 접수(검사 면제의 경우 승인) → ④ 수출 물품의 컨테이너 입고 후 적재 → ⑤ 컨테이너 야드로 컨테이너 이동 → ⑥ 검사대상의 경우 선적 전 수출물품 검사 → ⑦ 세관 승인 후 선적 → ⑧ 수출관세 대상 품목의 경우 수출 신고일로부터 30일 이내에 관세 납부 → ⑨ 통관 종료로 이루어진다.

- 수출업자는 수출물품을 적하한 후 운송수단이 출항하기 4시간 전에 수출신고를 해야 한다. 특송 서비스로 수출하는 물품의 경우에는 운송수단 출국 2시간 전까지 제출한다.

통관 시 유의사항

통관관련 법규 잦은 변경

베트남의 경우 아직 시장 개방 역사가 짧아 투자, 무역, 관세 등의 법규가 수시로 변동될 뿐만 아니라 내용이 수출입업체에 적시에 통지되지 않는 경우가 많아 수시로 확인한다.

복잡한 통관절차

베트남에 투자한 외국인투자 기업들이 공통적으로 겪는 최대 애로사항으로 늦은 통관과 절차다.

급행료 관행

물류회사들은 모두가 간편한 절차를 위해서 급행료를 세관 및 세관 공무원들에게 지불한다고 하며 물류회사들은 결국 고객들에게 5%에서 50%의 추가 비용을 청구할 수밖에 없는 실정이다.

통관지연

베트남으로 상품 수입 시 통관에 평균 4~7일이 소요되며 식품류를 수입하는 기업에 애로사항이 되고 있다. 통관지연을 완화할 목적으로 운영하는 전자통관 시스템 또한 잦은 문제를 일으키는 것으로 지적되고 있다. 프로세스의 특성상 전자통관 시스템에 입력하는 것으로 수출입 신고가 끝나는 것이 아니라 관련 서류를 세관에 가서 제출함으로써 전 과정이 끝나게 된다.

자국의 강제안전규정인 CR Mark 획득 요구

베트남은 국내에 유통되는 전기제품, 기계, 의료기기 등에 자국의 강제안전규정인 CR Mark(베트남품질마크) 획득을 요구한다. CR Mark 인증은 강제인증으로써 베트남 인증기관 담당자에 의해 제품생산공장 현지실사(Scheme 5) 및 컨테이너 샘플검사(Scheme 7)의 두 가지 방법으로 취득이 가능하다.

베트남 이야기

중산층 급증 베트남, 집 꾸미기 시작했다

지난 21일, 베트남 하노이 롯데백화점 5층은 694m²(210평) 규모의 매장에 그릇, 이불, 커튼, 소파 등 다양한 주방·침구용품과 가구, 인테리어 소품이 진열돼 있었다. 덴마크 존(zone)이라고 쓰인 공간에는 진녹색·검정·흰색을 활용한 소품이 놓여있었다. 직원 짜미씨는 '최근 베트남 젊은 층에서 유행하는 스칸디나비아풍 디자인'이라고 했다. 집 안을 꽃과 식물로 꾸미는 베트남 사람의 취향에 맞춰 정원처럼 만든 공간에는 여성 손님이 많았다. 이곳은 롯데백화점이 베트남 시장 공략을 위해 지난 7월 오픈한 자체 리빙 브랜드 '사메종'의 첫 매장이다.

중국에 이어 글로벌 공장이라 불리던 베트남이 새로운 내수 시장으로 변모하고 있다. 인구 약 1억 명에 연평균 6% 이상의 경제 성장률을 기록하고 있는 베트남의 소비력이 날로 높아지고 있기 때문이다. 소득 수준과 아파트 보급률이 높아지면서 한국은 물론 글로벌 리빙·인테리어 브랜드의 베트남 진출이 빨라지고 있다.

◇ **중산층 확대·도시화로 소비층 증가 기대**

베트남의 인테리어·리빙 시장은 아직 초기 단계지만, 앞으로 시장은 더욱 커질 것으로 업계는 전망한다. 베트남 농업개발부 및 현지 업계에 따르면 2017년 기준 베트남 인테리어 가구 소비 규모는 연간 약 28억 달러다. 농업개발부 등은 '인구 증가 추세와 주거용 건물 증가 등을 봤을 때 앞으로 해당 시장은 40억 달러 규모까지 급속하게 성장할 것'이라고 봤다.

특히 중산층이 늘어난다는 것이 긍정적 신호로 여겨진다. 보스팅컨설팅그룹은 2017년 기준 베트남 전체 인구(9,300만명) 중 4,600만 명인 중산층이 2030년에는 6,800만 명까지 늘어날 것으로 추정하고 있다. 빠른 속도로 진행되는 도시화, 아파트 위주로 재편되고 있는 주거 형태 역시 기회다. 도시화율은 48%(2017년)에서 2030년 57%로 증가해 880만 명이 지방에서 도심으로 거주지를 옮길 것으로 예상된다. 글로벌 부동산 컨설팅업체인 세빌스는 인구 증가를 고려했을 때, 2030년까지 하노이와 호치민에서 각각 8만1,000가구, 6만3,000가구의 새 아파트가 필요할 것으로 전망하고 있다.

신규 아파트 건설로 가구나 인테리어 산업도 동반 성장할 것으로 기대하고 있다. 베트남은 중국처럼 인테리어를 하지 않은 상태로 분양하는'콘크리트 분양'을 한다. 집주인이 직접 가구와 소품을 사서 인테리어를 하는 것이다. 호치민시 수공예품·목재산업협회는 작년 8월 '부동산 시장이 활기를 띠면서 인테리어·가구 수요도 증가했다'고 밝혔다.

한국은 대형 유통업체 중심으로 베트남 시장 선점에 나섰다. 신세계인터내셔날은 호치민 이온몰에 리빙 브랜드 '자주'1호점을 냈다. 한국에서 출시된 신상품을 곧장 베트남 매장에서도 판매하는 등 '한국 스타일'을 특징으로 내세웠다. 평일에는 하루 500명, 주말에는 하루 1,000명의 고객이 매장을 찾는다. 김OO 신세계인터내셔날 베트남 법인장은 '한국은 주 고객 연령대가 30~40대이지만 베트남은 결혼을 일찍 하고, 경제 활동 연령대가 낮아 25~35세가 주 고객'이라며 '실용성을 따지는 것은 물론, 예쁘고 아기자기한 물건을 좋아해 화장품, 침구류, 아동 관련 상품 인기가 높다'고 말했다.

롯데백화점 사메종은 '현지화'로 승부를 걸었다. 베트남 업체와 협력해 파스텔 색깔의 커피 핀(베트남식 커피 메이커), 땀이 나도 몸에 붙지 않는 소재를 사용한 침구류 등 자체 PB 상품을 구성했다. 엄OO 롯데백화점 하노이 점장은 '손님 중 70%가 베트남 현지인들'이라며 오픈 두 달 만에 월 14억 동(7,000만원) 이상의 매출을 기록했다고 말했다.

◇ 글로벌 업체 각축장으로

글로벌 브랜드들도 발 빠르게 움직이고 있다. 2006년 스웨덴·베트남 합작 법인으로 문을 연 베트남 대표 인테리어 업체 'UMA'는 지난 6월 브랜드명을 'BAYA'로 바꾸어 새로 진출하는 브랜드들과의 경쟁에 나섰다. 하노이에 1,400㎡ 규모의 쇼룸을 열고, 3D 디자인 서비스 등을 도입했다. 덴마크의 'JYSK'는 지난 2015년 베트남에 진출해 17개의 매장을 운영 중이다. 덴마크 주방·생활용품 브랜드 '로열코펜하겐'은 지난달 말 호치민에 첫 매장을 냈다.

◇ 경쟁은 더욱 치열해질 예정

가구 공룡으로 불리는 스웨덴 기업 '이케아'는 2019년 1월, 베트남 하노이에 4,500만 달러를 투자해 유통센터와 창고를 짓고, 이를 동남아 진출 기지로 삼는다는 계획을 밝혔다. 일본 브랜드 '무인양품'도 호치민에 2020년 첫 매장을 열겠다는 목표를 세우고 준비 중이다.

출처:조선경제, 2019년 10월 28일자 (1)

베트남
관광 · 비즈니스

Ⅳ. 투자환경

연도별 투자현황

2018년 베트남의 외국인직접투자는 전년도보다 14억 달러가 늘어난 155억 달러로 과거 최고의 투자가 이루어졌다. 이러한 금액은 베트남 정부가 ASEAN 주요 국가 중에서 최고 수준의 실질 경제성장률을 이어가며 외자를 유치하는 데 있다. 미국과 중국의 무역 전쟁이 장기화되면서 봉제업을 중심으로 중국으로부터 생산거점이 베트남으로 이전하고 있다.

| 연도별 투자현황 |

(단위 : 백만 달러)

2014년	2015년	2016년	2017년	2018년
9,200	11,800	12,600	14,100	15,500

자료 : KOTRA, JETRO, 2019년

국가별 투자현황

베트남에 대한 외국인직접투자는 2018년 12월말 현재 투자건수, 금액은 한국이 1위를 차지하고, 이어 일본이 2위다. 그리고 싱가포르, 대만이 각각 3위와 4위다. 한국은 베트남의 최대 투자국으로 지금까지 저임금을 활용한 중국에 대한 투자는 인건비 상승과 잦은 외자유치의 변경에 따라 베트남에 대한 투자는 지속적으로 증가할 것으로 예상한다.

국가별 투자현황

(단위 : 건, %, 백만 달러)

NO	국 명	건 수	비 율	총투자금액	구성비
1	한국	7,487	27.3	62,630	18.4
2	일본	4,007	14.6	57,372	16.8
3	싱가포르	2,161	7.9	46,718	13.7
4	대만	2,597	9.5	31,406	9.2
5	영국·버진아일랜드	793	2.9	20,794	6.1
6	홍콩	1,437	5.2	19,845	5.8
7	중국	2,168	7.9	13,414	3.9
8	말레이시아	587	2.1	12,478	3.7
9	태국	529	1.9	10,440	3.1
10	네덜란드	321	1.2	9,368	2.7

주 : 2018년 12월 31일 현재
자료 : 베트남 세관총국, 2019년

업종별 투자현황

베트남은 최근 연 6%대의 양호한 경제성장을 지속하였고, 특히 2018년에는 제조업·서비스업 분야 호조 및 외국인직접투자 증가 등으로 11년 만에 최고치인 7.1%의 경제성장을 이룩하였다. 내수시장 활성화, 국영기업 개혁, 은행 건전성 제고 등을 통한 경제구조 개혁을 추진하고 있다.

베트남에 대한 업종별 투자는 제조업이 투자 인가 전체의 50% 이상을 차지하고 있고, 부동산업도 활발하게 투자가 이루어지고 있다. 예술과 오락에 있어서는 싱가포르 자본이 중부지역의 리조트개발에 활발하게 투자하고 있다.

업종별 투자현황

(단위 : 건, 백만 달러)

업 종	2017년		2018년	
	건수	금액	건수	금액
제조	1,758	14,656	1,864	14,684
부동산	98	2,550	124	5,982
라이프라인	18	8,374	22	1,640
예술오락	12	35	8	1,131
도·소매업	733	670	911	836
IT	254	193	296	385
컨설팅사업	415	532	482	331
창고·운송	112	330	101	277
폐기물처리	15	887	11	262
건설	179	387	157	245

자료 : 베트남 세관총국, 2019년

지역별 투자현황

베트남에 대한 투자지역은 상업도시라고 하는 호치민을 중심으로 활발하게 투자가 이루어지고 있다. 행정도시인 하노이 주변지역도 투자가 이루어지고 있다. 전국에 있는 경제특구(EZ)공단, 산업단지(IP), 수출가공공단(EPZ)에도 많은 기업이 입주하고 있다.

▎지역별 투자현황 ▎

(단위 : 건, %, 백만 달러)

NO	지역	건 수	비 율	총투자금액	구성비
1	호치민	8,123	29.6	45,194	13.3
2	하노이	5,110	18.6	33,135	9.7
3	빈둥	3,519	12.8	31,759	9.3
4	붕따우·바리어	414	1.5	29,882	8.8
5	동나이	1,560	5.7	28,659	8.4

주 : 2018년 12월 31일 현재
자료 : 베트남 외국투자청, 2019년

주요 지역별 투자여건

하노이(Hanoi)

- 면적 : 3,344㎢
- 인구 : 805.4만 명 (2019년 7월 확인 자료)
- 산업 : 중공업 및 경공업, 부동산 및 건설업을 포함한 산업분야
- 특징 : 베트남의 수도로 남부 호치민시에 비해 상대적으로 발전이 늦었으나 최근 베트남 정부의 남부 균형 발전계획으로 하이퐁과 함께 급속히 성장하고 있다.

호치민(Hochiminh)

- 면적 : 2,096㎢
- 인구 : 899.3만 명(2019년 7월 확인 자료)
- 산업 : 중공업 및 경공업, 부동산 및 건설업을 포함한 산업
- 특징 : 베트남의 경제중심으로 외국인직접투자 기업이 밀집하고 있다.

동나이(Dong Nai)

- 면적 : 5,903㎢
- 인구 : 309.7만 명 (2019년 7월 확인 자료)
- 산업 : 중공업 및 경공업, 화학공업, 전자 산업 등
- 특징 : 베트남 최대 산업공단 밀집지역으로 상당 수 제조 기업이 상주하고 있다.

하이퐁(Hai Phong)

- 면적 : 1,522㎢
- 인구 : 202.9만 명 (2019년 7월 확인 자료)
- 산업 : 중공업 및 경공업, 선박 및 운송
- 특징 : 베트남 제3의 도시로 하노이와 함께 북부지역 경제의 주축이다.

| 지역경쟁력 상위 10위 (성&시) |

경쟁력 구분	순 위	도 시	점 수
최우수	1	Da Nang	70.00
	2	Quang Ninh	65.60
	3	Dong Thap	64.96
	4	Binh Duong	63.57
	5	Lao Cai	63.49
	6	Vinh Long	62.76
우수	7	Thai Nguyen	61.82
	8	HCMC	61.72
	9	Vinh Phuc	61.52
	10	Quang Nam	61.17

자료 : The Vietnam Provincial Competitiveness Index, 2016년

한국 기업의 투자현황

한국은 베트남에 대해 최대 투자국으로 베트남 경제발전에 중요한 역할을 하고 있다. 1988년부터 2018년 12월까지 누적 집계된 국가별 베트남 해외직접투자 통계를 보면, 한국의 베트남 해외직접투자 규모는 7,486건에 62,630백만 달러로 최대 투자국이다. 2018년 투자 규모는 2017년보다 증가한 2,711건에 31.6억 달러를 달성하였다.

| 한국 기업의 투자현황 |

(단위 : 건, 개, 천 달러)

연 도	신고건수	신규법인수	신고금액	송금횟수	투자금액
2017	2,395	697	2,373,738	3,619	1,973,241
2018	2,711	822	3,658,404	3,928	3,162,157

자료 : 한국수출입은행, 해외경제연구소, 2019년

한국 기업의 업종별 투자현황

베트남은 젊은 인구 구조 및 풍부한 노동력 등으로 성장 잠재력이 풍부하고, ASEAN 국가 중에서 제조업 중심지로서 수출 확대 등을 통한 경제성장을 하고 있다. 최근 지속적인 경제성장의 영향으로 베트남 대도시 주민들의 구매력이 상승하여 민간소비를 촉진할 것으로 기대된다.

한국 기업의 베트남에 대한 투자분야는 제조업에 집중되어 있다. 한국은 베트남의 낮은 인건비 및 법인세로 인하여 2000년 이후 꾸준히 증가하고 있다. 1988~2018년 상반기 업종별 투자는 제조업 분야가 전체 투자의 57.1%를 차지하였다. 2018년 투자는 건수나 금액을 볼 때, 제조업이 제일 많고, 다음이 도·소매업이다.

│업종별 투자현황│

(단위 : 건, 개, 천 달러)

업 종	신고건수	신규법인수	신고금액	송금횟수	투자금액
농·어업	12	7	23,338	25	22,241
공업	5	0	80,252	100	135,268
제조업	1,739	414	2,220,874	2,621	1,945,570
전기·가스	10	6	29,411	14	25,232
수도·하수도	3	3	350	5	350
건설업	110	41	47,610	114	47,738
도·소매업	393	154	247,228	516	236,944
운수·창고	34	19	36,425	46	22,700
숙박·음식	67	34	86,483	83	24,210

자료 : 한국수출입은행, 해외경제연구소, 2019년

외국인투자법

외국인투자 신고절차

베트남에 투자를 희망하는 외국인투자자는 법인 소재 예정지 관할 기획투자국(DPI) 또는 공단관리위원회(법인 소재예정지가 공단 내에 위치하는 경우)에 신청서를 제출한 후 투자등록증명서(IRC)를 발급받아야 한다. 이후 해당 지역 기획투자국(DPI)에서 기업등록증명서(ERC)를 발급 받으면 법인설립이 완료된다.

투자신인도

베트남은 주변 국가와 비교하여 저렴한 임금, 양호한 투자환경으로 인하여 2018년에 유입된 외국인직접투자 규모는 155억 달러로 전년도보다 증가하였다. 이러한 현상은 향후에도 지속될 것으로 예측하고 있다. 한편 한국수출입은행 해외연구소가 조사한 베트남 국가신용도에 대한 평가결과를 보면, 2019년 8월 기준 C1급으로 나타나 보통에 해당한다.

| 주요 기관별 신용등급 |

평가기관	2017	2018
한국수출입은행	C1	C1
OECD	5	5
Moodys	B1	Ba3
Fitch	BB-	BB

주 : C1은 비교적 양호한 외채상환능력 및 정치·경제구조(중상위신용도)
자료 : 한국수출입은행, 해외경제연구소, 국가신용도 평가개요, 2019년

중장기 차관 위주의 외채구조로 양호한 외채상환태도 유지

외채의 약 83.5%가 중장기 차관으로 구성되어 외채구조가 양호하고, 원리금 상환부담이 크지 않은 수준이다.

충분한 외환보유고 유지로 대외 지급능력 양호

외환보유액은 외국인직접투자의 유입증가와 경상수지 흑자 등으로 양호하고, 당분간 대외지급능력에는 큰 문제는 없을 것으로 예상된다.

베트남의 경제성장 및 투자 활성화로 신용등급 상향 조정

베트남의 높은 경제성장률과 외환보유액 증가 등을 감안하면 베트남의 신용등급은 상향 조정되었다. 지속적인 경제성장, 무역 및 투자 활성화를 감안하면 신용등급을 상향 조정할 수 있는 단계다.

투자 인센티브

법인세 인센티브

베트남의 표준법인세율은 20%다. 단, 석유와 천연가스 사업, 광물자원의 탐사, 개발, 채굴 사업 등 일부 사업의 경우 사업별로 32%~50%의 법인세율을 적용받을 수 있다.
베트남의 우대법인세율은 투자지역 및 업종에 따라 10%, 15%, 17% 등 세 가지가 있다. 적용 기간도 10년, 15년 또는 전체사업 기간으로 인센티브 종류에 따라 다르다. 법인세 면제 및 감면 혜택은 투자 분야, 지역 등에 따라 차등 부여되며 일반적으로 공단에 신규로 설립되는 제조법인은 과세소득 발생 연도로부터 최대 2년간 법인세 면제, 이후 최대 4년간 법인세 50% 감면 혜택을 받을 수 있다. 그러나 해당 공단이 사회·경제 우수지역에 속하면 법인세 인센티브 적용대상에서 제외되므로 사전에 공단관리사무소를 통해 인센티브 내용을 검토하는 것이 좋다.

수출입관세 우대

인센티브 대상 프로젝트의 회사 고정자산을 구성하는 기계 및 장비 또는 특정 용도의 운송수단 및 건설자재, 인센티브 대상 프로젝트의 생산을 위해 수입되는 자재 및 물자, 부품 등은 해당 물품이 베트남 내에서 생산되지 않는 경우 수입관세의 면제 대상이 된다.

토지사용료 우대

투자 우대 분야 및 우대 지역에 속한 프로젝트는 토지법에 따라 다음과 같은 우대 혜택을 받을 수 있다.

- 토지 사용세 면제 및 삭감
- 토지 사용료 면제 및 삭감
- 토지 임차료 면제 및 삭감
- 양식용 해수면 사용료 면제 및 삭감

투자제한 및 금지 업종

조건부 투자 허용 분야

조건부 투자 허용 분야는 베트남 국방, 안보, 사회 질서, 도덕, 국민 건강의 이유 때문에 조건을 충족시켜야 하는 산업으로 총 243개 업종이다. 유통, 식음료, 부동산사업 등 대부분의 서비스업을 비롯해 일부 민감한 제조업도 조건부 투자 허용 분야에 속해 있다. 투자법에 의하면, 각 사업투자 조건은 국가 기업등록 정보포털 상에 등재되어야 한다. 단, 각 지방성마다 허가 요건이 다른 경우도 빈번하므로 투자 대상 사업이 이 업종에 속하는 경우에는 사전에 관할 기획투자국(DPI) 혹은 법무법인 등 전문기관과 상의하는 것이 좋다.

투자 금지 분야

- 투자법 부록 1과 2에 명기된 각 마약 물질, 화학물질의 생산·광물사업
- 멸종위기 야생 동식물의 국제거래에 관한 협약(CITES)의 부록 1에서 규정하는 각종 야생 동식물 박제사업, 투자법 부록 3에 속하는 멸종위기, 희귀 야생 동물, 식물 박제사업
- 향락사업
- 인간 신체조직·인신 매매
- 인간의 무성 생식과 관련된 사업

총리 허가 필요 분야

- 산간지역에 1만 명 이상, 기타 각 지역에서 2만 명 이상 이주
- 공항의 건설 및 운영

- 국가항만의 건설 및 운영
- 석유가스 탐사, 개발 및 처리가공
- 도박, 카지노 사업
- 담배 생산
- 공단, 수출가공공단, 경제특구 인프라 개발
- 골프장 건설 및 운영
- 기타 5조 동(약 2,500억 원) 이상 자본금 규모를 갖는 프로젝트
- 해상운송사업, 네트워크 인프라기반 원거리통신 서비스, 산림조성, 출판·신문·잡지, 외국인투자 100%인 과학기술 단체·기업 설립
- 이외에 법률의 규정에 의한 기타 프로젝트

투자입지

경제특구(Economic Zone)

경제특구(EZ, Economic Zone)는 총리가 지정하며 국가 균형 발전의 일환으로 베트남 중부지역에 집중적으로 위치하고 있다. 경제특구는 투자자를 위한 특별우대 및 기존의 투자사업 환경과 분리된 경제지구이며 시행령 Decree No. 29/2008/ND-CP에 의거해 설립된 특구다. 경제특구는 산업제조, 서비스, 관광, 엔터테인먼트, 상업, 은행, 금융의 허브 역할을 위한 특구로 규모는 10,000ha 또는 그 이상으로 다기능적 지구로 분류하고 있다. 그리고 비관세지역, 관세지역, EPZ, 관광지역, 도시지역, 복합주거지역, 행정본부 지역 등 다양한 기능적 성격을 가진 지역으로 구성되고 있다.

수출가공공단(Export Processing Zone)

수출가공공단(EPZ, Export Processing Zone)은 외국 기업의 가공 수출을 촉진시키기 위해 베트남 정부가 설립한 산업지역으로 공단 내 입주하는 투자자는 제조 및 서비스 업종을 운영할 수 있다. 과거 수출가공공단은 일반 지역과 엄격하게 분리 운영되는 지역으로 생산에 필요한 자재에 대한 수입 관세가 면제되는 등 일반 산업단지보다 유리한 세제 혜택 및 우대 조치를 제공하였지만, 현재 혜택이 축소되어 일반 산업단지와 큰 차이가 없다.

수출가공공단 내 설립되는 기업은 수출가공기업으로 제조 목적으로 수입한 원재료, 기계장치에 대한 수입관세가 면제되며 매입부가세는 과세되지 않는 것이 원칙이다. 그리고 수출가공기업은 별도의 요건을 갖추면 수출가공공단 이외 일반 산업공단에도 설립이 가능하다.

투자진출방식

법인

외국인직접투자의 현지법인은 주로 유한책임회사, 주식회사의 형태로 설립되며 생산, 판매 등의 영업활동을 베트남 현지에서 독립적으로 수행하고 본사와도 계약에 의해 거래가 이루어져 손익이 독립적으로 발생하게 된다. 외국인직접투자자가 베트남에 현지법인을 설립하는 경우에 설립할 수 있는 형태는 주식회사와 유한책임회사가 있다. 개인사업자 또는 합명회사 등은 외국인직접투자자에게 개방되어 있지 않다.

지사

지사는 일종의 현지 사무소로 독립된 법적주체가 아니라 한국의 모회사에서 업무를 보기 위해 편의상 마련한 일종의 사무실이다. 실무상 베트남에서 외국인직접투자자의 지사 설립은 매우 제한적이며 금융기관, 항공사에 한하여 허가를 하고 있다.

연락사무소

대표사무소는 직접적인 회사의 영업활동 이외의 업무를 수행할 수 있는 연락사무소 개념으로 단순 시장조사 및 바이어발굴 등 업무를 수행할 수 있다.

회사유형

주식회사

한국과 다르게 3인 이상의 발기인(초기 투자자)을 필요로 하며 투자자의 수는 제한이 없다. 주식회사는 기본적으로 대규모 회사를 전제로 하며 이사회를 필수로 두고 주식양도의 자유를 기본원칙으로 하고 있다. 추후 상장이 기본원칙이므로 운영 관련(특히 재무) 사안들이 정확히 기재·공시되도록 하는 규정이 많다. 베트남 기업법에 따라 의결정족수는 주주총회 51%(특별결의의 경우 65%)를 기준으로 한다.

유한책임회사

1인 유한책임회사는 투자자가 1인인 경우로 회사설립 및 운영에 있어 각종 서류작업 및 운영 방식이 간단하다. 내부의사 결정기관과 절차를 투자자의 뜻대로 정해 정관에 기입할 수 있다. 회계나 세무적인 측면에서 1인 독자운영을 전제하므로 정부의 입장에서도 최소한의 규제가 필요하다.

2인 이상 유한책임회사는 투자자가 2인에서 50인인 경우 설립 가능한 회사로, 법률적으로는 주로 소규모 합작회사나 지인들끼리 공동사업을 영위하고자 할 때 유용한 형태다. 내부운영규칙이나 의사결정기관을 임의대로 정할 수 있고, 주식회사의 경우보다 대외 공시규정이 완화되어 있다. 다만 최고 의결기관은 항상 투자자의 모임인 사원총회이며 정관 자본의 65% 이상 출석 및 출석한 정관 자본의 65% 또는 75%의 찬성으로 의결되므로 의결권 확보가 중요한데 과반수 확보만으로는 불완전하다.

과거에 설립된 49% : 51% 합작법인 또는 65% 이하 지분소유로는 완전한 경영권 행사가 어렵다. 지분의 양도가 사원들 상호간에 우선적으로 이루어져야 한다는 규제가 있으며 절차가 쉽지 않다. 지분 양도 시 기존 사원에게 출자 비율에 따라 우선 매수의 기회를 주어야 한다는 '기존 사원 우선 인수권 제도'가 있다. 기존 사원의 우선인수권을 보장하기 위해 정관에 기존 사원에 제시한 조건(양도금액 등)보다 좋은 조건으로 타에 매각할 수 없도록 정하기도 한다.

투자환경

외국인직접투자 법률 개정으로 투자환경 지속 개선

베트남 정부는 2015년 7월 투자 절차 간소화, 투자유치 분야 명확화 등을 골자로 하여 신규 투자법과 신규 기업법을 시행함으로써 외국인 투자에 보다 유리한 여건을 제공하고 있다.

즉 법인 설립 시 외국 투자법인(외국인 지분 51% 이상)은 기업등록증과 투자등록증을 모두 신청해야 하고, 외국인 지분이 51% 미만일 경우 내국법인과 법인설립 절차가 동일하다.

투자등록증 허가 기간을 45일에서 15일로 단축하였으며 법인 인감 등록 절차 등을 간소화하였다. 또한 투자유치 분야를 5단계로 구분(일반투자, 특별 투자 장려, 투자 장려, 조건부 투자, 투자금지)하여 각 분야에 해당하는 업종을 세분화했다.

베트남은 중부지역을 중심으로 산업단지(IP), 수출가공공단(EPZ), 경제특구(EZ)를 운영하고 있으며 동 지역 투자기업은 법인소득세, 관세, 토지사용료 부문에서 우대 세율이 적용된다. 이와 같은 정부의 투자유치 정책에 힘입어 외국인직접투자가 증가하고 있다.

아울러 최근 자국 산업의 고부가가치화 및 수입대체 산업 육성을 위해 IT, 부품소재 등 기술집약적 산업에 보다 많은 인센티브를 부여하여 하이테크기업의 투자를 장려하고 있다. 이에 섬유·봉제·신발 등 노동집약적 제조업의 투자 인센티브는 상대적으로 축소되고 있다.

ASEAN 개발도상국 경제 비교

내 용	베트남	캄보디아	미얀마	라오스
면적 (만㎢)	33	18	68	24
인구 (백만명)	95.5	16.3	52.8	6.8
정치체제	사회주의 공화제	입헌군주제	대통령제 공화제	인민민주 공화제
실질GDP성장률 (%)	6.6	7.0	6.4	6.8
1인당GDP (US$)	2,553	1,485	1,354	2,690
인플레이션 (%)	3.8	3.3	6.0	0.9
경상수지 (10억 달러)	5.2	-2.6	-3.8	-2.5

자료 : IMF, 2018년 추정치

긍정적 투자환경

🔸 정치·사회적 안정성
- 베트남은 중국, 인도, ASEAN 국가 중 정치·사회적으로 가장 안정되어 있는 것으로 평가하고 있다.
- 베트남 공산당 1당 체제 일뿐만 아니라 유교문화권 국가로 종교적인 갈등은 거의 없다.

🔸 저렴하고 우수한 노동력
- 많은 인구, 높은 젊은 인구 비중(30세 이하 인구 50%이상) 등 미래발전형 인구 구조로 문맹률이 3% 미만이다.

- 베트남은 근면성과 손재주가 뛰어난 것으로 평가하고 있으며 생산직 초임이 인근 국가에 비해 저렴하다..

China Risk 회피 국가
- 세계의 공장이라고 불리는 중국의 국가적, 경제적 위험이 발생하였을 때 안정적인 제품공급을 받기 위한 리스크 관리차원에서 베트남은 각광을 받고 있다.
- 일본 기업들은 'China+1'의 전략으로 많은 기업들이 베트남에 진출하고 있고, 한국 기업들은 중국의 인건비 등 비용 상승과 외국인투자유치정책의 변경으로 대체 국가로서 베트남을 검토하고 있다.

높은 경제성장과 소득증가에 따른 시장성
- 2008년 1인당 GDP 1,000 달러 수준에 진입한 이후, 2014년 2,000 달러를 넘었으며 구매력이 빠른 속도로 늘어나고 있다.
- 향후 인구 1억 명 이상의 거대한 내수시장을 형성할 것으로 전망하고 있다.

투자환경 개선의 의지
- WTO 가입 이후 서비스 개방 일정에 따라, 유통, 무역, 서비스업에 대한 외국인직접투자 허가 취득이 가능하고, 투자통합법으로 외국인직접투자에 대한 차별을 없애고, 최근 개정안을 통해 투자수속절차를 간소화하고 있다.

적극적인 무역 및 경제협정 참여에 따른 성장 잠재력

- 베트남은 ATGIA(아세안상품무역협정), ACFTA(중국-아세안), AKFTA(한국-아세안), AJCEP(일본-아세안), VJEPA(일본-베트남), AAANFTA(베트남-호주-뉴질랜드), AIFTA(인도-아세안), VCFTA(칠레-베트남), VKFTA(한국-베트남), VEFTA(EU-베트남) 등의 양자간 다자간 FTA를 체결함으로서 글로벌경제 편입 속도를 가속화하고 있다. 또한 2015년 12월 아세안경제공동체(AEC)가 출범함으로서 시장 개방이 더욱 확대되어 이로 인한 다양한 사업기회들이 생겨날 것으로 기대하고 있다.

| FTA 발효현황 |

구 분	베트남 무역에서 차지하는 구성비(%)	
	수출	수입
ASEAN-유무역지역(AFTA)	10.2	13.4
ASEAN-중국자유무역지역(ACFTA)	17.0	27.7
ASEAN-한국자유무역지역(AKFTA)	7.5	20.1
ASEAN-일본포괄적경제연대협정(AJCEP)	7.7	8.0
일본-베트남경제연대협정(JVEPA)	7.7	8.0
ASEAN-호주,뉴질랜드자유무역지역(AANZFTA)	1.8	0.3
ASEAN-인도자유무역지역	2.7	1.8
베트남-칠레자유무역협정(VCFTA)	0.3	0.1
베트남-한국자유무역협정(VKFTA)	7.5	20.1

자료 : JETRO, 2019년

풍부한 노동력

- 2016년 말 총인구 대비 생산가능인구(15~64세) 비중이 70%로 인도네시아(67%), 인도(65%), 필리핀(63%) 등 아시아 주요국에 비해 높은 수준이다. 생산가능 인구 중 경제활동인구도 지속적으로 증가하는 추세로 2016년 말 5,577만 명에서 2017년말 약 5,636만 명으로 증가한 것으로 추정된다.
- 사회주의 체제의 영향으로 국민 기본교육이 잘 시행되고 있으며 과거 남베트남 시절의 자본주의 시행 경험을 보유하여 경제체제 전환이 잘 이루어지고 있다.
- 베트남은 낮은 노동생산성, 관리자급 전문 인력과 숙련노동력 부족 등의 과제를 해결하기 위해 인력개발 투자를 늘리고 있다. 글로벌혁신지수(GII)에 의하면, 베트남은 GDP 대비 교육비 지출이 117개 국가 중 26위로 평가되어 향후 노동력의 질이 개선될 것으로 전망된다.

구매력 증가

- 대도시에 구매력이 집중되어 있는 경제구조로 인구 100만 명 이상 대도시 인구는 2006년 약 9백만 명에서 2016년 약 13백만 명으로 증가했다. 대도시 신흥 고소득층과 젊은 소비자들을 중심으로 고급제품 구매가 확산되고 있다. 고성장에 힘입어 중산층도 확대될 것으로 전망되어 소비시장 성장에 우호적인 여건이 조성되고 있다.

부정적 투자환경

🔸 열악한 인프라
- 베트남의 인프라 수준은 137개국 중 79위로, 항공(103위), 도로(92위), 전기 공급(90위), 항만(82위) 부문이 취약하다. 특히 도로, 철도, 항만 등 교통 인프라의 질이 열악한 편으로 운송비 부담이 높다. 대도시의 경우 개인의 차량 소유는 확대되고 있으나 교통 인프라 개발이 지체되어 심각한 교통체증이 발생하고 있다. 철도, 트럭, 선박이 있지만 철도는 횟수가 부족하고, 노후화되어 있다. 트럭은 교통체증이 심하여 이동이 늦다.
- 인프라 구축비용의 대부분을 세계은행이나 아시아개발은행 및 공적개발원조로 충당되고 있어 진행 지연 등 인프라 구축에 대한 예측에 어려움 있다

🔸 부정부패와 관료주의
- 부패지수가 높은 베트남 정부는 공직자의 재산공개를 강화하는 반부패법 개정을 추진 중이다. 2억 동 이상 재산증가 시에 변동내용을 공개하고 상장기업과 금융기관 임직원도 재산공개 대상에 포함할 예정이다.

🔸 은행산업의 부실화
- 국영기업에 대한 대규모 대출 부실화 이후, 낮은 수익성 등으로 은행부문은 구조적으로 취약하다. 2017년 8월 말 기준 금융기관의 자본적정성비율(CAR)은 12.3%이다. 국영은행의 자본적정성비율은 9.6%로 민영은행(11.1%) 및 외국계은행(32.1%)에 비해 미흡한 수준이다.

🔥 고급 인력부족
- 하노이와 호치민 인근을 제외하면 외국어 구사가 가능한 중간관리 인력확보가 매우 어려운 상황이다. 채용·직원 자체양성, 기숙사제공 등 인력관리에 비용 추가가 소요된다.
- 베트남의 산업은 여전히 노동집약적 산업의 비중이 높아 숙련되고 고등교육을 이수한 양질의 노동력 확보가 어렵다. 특히 최근 첨단기술 및 전문 산업 분야에 대한 투자가 증가함에 따라 전문인력 수요 대비 공급 부족을 예상하고 있다.

🔥 복잡한 행정절차, 행정체제 미흡
- 세부제도 및 규정이 미흡하여 공무원 해석에 의존하여 지역별 법규 적용 차이를 보이는 등 비즈니스 마인드가 부족하다.

🔥 투자 및 경영비용 증가
- 최근 몇 년간 공장건설에 필요한 토지임차료, 종업원들에 대한 인건비, 기타 물가가 큰 폭으로 상승하고 있다. 베트남 정부에서 물가억제를 정책의 우선순위에 두고 있으나, 경제성장 및 외국인 투자의 증가로 투자 및 경영비용 상승세는 계속될 전망이다.

🔥 부품 및 원부자재 수급 애로
- 지금까지 외국인직접투자가 대부분 임가공 형태를 띠었기 때문에 연관 기반산업이 매우 취약하다. 원부자재 수입관세가 매우 낮거나 면제된다 하더라도 원자재 적시 공급 및 물류비 발생 등의 문제가 발생하고 있다. 국내 소재, 원부자재 산업 육성을 위해 베트남 정부는 지원 정책을 수립 중에 있으나 세부 법규가 미흡하여 아직 제한적이다.

- 현지 원자재 공급지가 원거리에 위치해 있는 경우에 운송비용이 과다하여 채산성 확보가 어렵다. 입지 선택 시 진출업종에 소요되는 부품과 자재를 인근지역에서 용이하게 공급받을 수 있는지 여부 확인이 요구된다.

낮은 소비, 소비 계층의 분화 미비

- 베트남은 저소득으로 인한 낮은 구매력과 내수 시장 미발달로 현지 시장진출 투자는 세밀한 투자 계획 및 일정이 필요하다. 베트남 소비자들의 주된 구매 결정요인은 가격에 있다. 소비계층도 최상류층과 일반 계층의 2단계 구조로 한국 상품의 주 고객인 중상류층 소비자의 형성이 미흡하다. 최근 5년간 연평균 6%대의 안정된 경제성장과 국민 소득증대로 '가성비(가격 대비 품질)'를 고려하는 소비행태가 나타나고 있으며 중산층도 꾸준히 증가하고 있는 점은 한국 기업들에게 긍정적인 요소로 작용할 것으로 기대된다.

노동비용 상승

- 노동자의 임금이 낮다고 하지만 2012년부터 2018년까지 약 2배의 최저임금이 상승하였다.

┃ASEAN 국가의 과제┃

순위	베트남	인도네시아	태국
1	노동비용 상승	노동비용 상승	노동비용 상승
2	법제 운용의 불투명	법제 운용의 불투명	타사와 치열한 경쟁
3	타사와 치열한 경쟁	인프라 부족	치안·사회정세불안
4	인프라 부족	타사와 치열한 경쟁	관리직 인재부족
5	관리직 인재부족	관리직 인재부족	기술직 인재부족

자료 : 국제협력은행, 해외직접투자조사, 2015년

최저임금 인상에 의한 인건비 부담 가중

베트남 임금위원회(National Salary Council)는 3차 회의를 거쳐 2018년 8월에 2019년도 최저임금 인상 합의에 도달했다. 노동자들은 2019년부터 매월 16만~20만 동(약 7~9달러) 인상된 급여를 수령할 예정이다.

연도별 최저임금 평균 인상률 추이를 보면, 2012년 53.2%, 2013년 17.4%, 2014년 15.3%, 2015년 14.2%, 2016년 12.4%, 2017년 7.3%, 2018년 6.5%, 2019년 5.3%로 인상되었다.

역대 최저치의 최저임금 인상이지만 섬유업계 등 노동집약적산업에 종사하는 기업은 지속적인 불만을 표출하고 있는 상태다.

- 1지역 : 호치민, 하노이, 하이퐁, 동나이성, 빈증성, 붕따우성 등
- 2지역 : 다낭시, 껀터시, 냐짱시, 닌빈성, 하이증성, 홍옌성, 박닌성, 타이응웬성 등
- 3지역 : 떠이닌성 일부, 벤쩨성 일부, 짜빈성 일부, 박닌성 일부
- 4지역 : 1지역, 2지역, 3지역 외 지역

최저임금 인상안

구 분	2019년 인상안	2018년 최저임금	2018년 대비 인상률
1지역	4,180,000동	3,980,000동	5%
2지역	3,710,000동	3,530,000동	5.1%
3지역	3,250,000동	3,090,000동	5.2%
4지역	2,920,000동	2,760,000동	5.8%
평균인상률	-	-	5.3%

자료 : KOTRA 하노이무역관, 2019년

성장잠재력

중간재 가공생산 수출

수출지향적인 외국인직접투자 유입으로 수출이 지속적으로 증가하고 있다. 특히 하노이와 호치민, 하이퐁 등 대도시 중심으로 많은 투자가 이루어지고 있다.
베트남은 무역의존적인 경제구조를 가지고 있어 수출의 중요성이 높은 국가다. 휴대폰 및 부품 등 부가가치가 높은 분야의 수출 비중이 점차 높아지고 있다. 베트남 경제는 외국 기업이 원재료와 중간재를 수입하여 제조 가공한 후, 이를 다시 재수출하는 특성을 갖고 있다.

'포스트 차이나'로 각광받는 베트남

베트남은 값싸고 풍부한 노동력, 지리적 이점, 정치적 안정성, 적극적인 투자유치 정책, 내수시장의 잠재력 등으로 인해 중국을 대체할 '포스트 차이나'로 각광받고 있다.
수출중심의 경제성장을 추구하고 있다. 그중에서도 외국인직접투자 기업에 대한 수출의존도가 매우 높은 것이 특징이다. 해외시장 접근성 제고를 통해 외국인직접투자 유치를 적극 확대하고 있다.
EU, EAEU 등 거대 경제권과의 FTA 추진에 적극 동참함으로써 세계 주요 경제권을 아우르는 FTA 네트워크를 단기간에 구축하여, 해외시장 진출 요지로서 가치를 부상시키고 있다.

약 1억 인구의 거대 소비시장 및 중산층의 성장

베트남 인구는 9,556만 명으로 ASEAN 국가 가운데 인도네시아, 필리핀 다음으로 많은 인구를 보유하고 있어 거대한 소비시장을 가지고 있다. 또한 기대수명 상승과 높은 출산율의 영향으로 2023년경에는 인구가 1억 명을 돌파할 것으로 예상하고 있다.

소득증가와 중산층 증대로 우수한 소비시장 보유

주요 소비계층인 20~49세 인구가 전체 인구의 절반을 차지하고 있다. 2020년에는 중산층 인구비중이 전체 인구의 40%에 육박할 것으로 예상하고 있다. 전체 인구의 약 34%를 차지하는 15~34세의 젊은 층이 베트남 내수시장의 핵심 소비계층으로 부상할 것이다.

외국인직접투자 장려분야

- 하이테크활동, 하이테크 보조공업제품, 연구개발 활동
- 신소재, 신에너지, 크린에너지, 재생에너지생산
- 전자제품, 농업, 기계, 자동차, 자동차부품생산, 조선
- 섬유, 가죽
- 정보기술, 소프트웨어, 디지털컨텐츠제품 생산
- 농산물, 임산물, 수산물가공, 산림식제 및 보호, 제염
- 폐기물수집, 및 처리, 리사이클 또는 재이용
- 인프라 구조물개발 및 운영
- 육아교육, 일반교육, 직업교육

- 진료, 치료, 의약품 제조 및 원료생산, 한방약생산
- 장애인치료 전문훈련, 체조, 체육경기시설투자
- 고엽제치료 환자센터, 노인 홈, 메디컬케어센터
- 인민신용기금, 소액금융기관
- 중소기업 및 창업을 지원하는 기술조직 사업투자

투자지역선정

남부지역 vs 북부지역

베트남 내수시장 진출을 목표로 한다면, 1인당 GDP가 높고 소비문화가 발달한 남부지역(특히 호치민)이 유리하다. 반면 북부지역(특히 하노이)은 상대적으로 토지임차료와 인건비가 저렴하다는 장점이 있다.

┃남부 및 북부 투자 장단점┃

구 분	장 점	단 점

남부지역
(호치민주변)
	• 소비문화 발달
	• 높은 1인당 GDP
	• 자본주의적 비즈니스 관행
	• 연관산업 발달
	  (섬유, 신발 등)
		• 인건비 상승추세
		• 사분규의 빈번한 발생
		• 높은 토지임차료
		  (호치민, 동나이 등)
		• 인력확보 애로
		  (호치민 인근)

북부지역 (하노이주변)	• 저렴한 토지임차료 • 노사분규 발생률 미미 • 근로자세 양호 (인내심, 조직 적응력) • 중앙정부 접촉이 용이	• 인프라 정비 미흡 • 내수시장의 규모 제한 • 인력 수급 문제 • 연관 산업 미발달

공단지역 vs 일반지역

- 공단지역은 일반지역에 비해 인프라가 잘 정비되어 있고 공단관리위원회가 인허가 수속을 대행해주지만 임차료가 비싸고 관리비를 부담해야 한다.
- 일반지역은 공단에 비해 인프라나 사업여건이 다소 낙후되어 있으나 저렴한 가격에 토지를 임차할 수 있다. 다만 토지임차료와는 별도로 임차 면적에 따라 일정액의 토지보상비를 지방정부에 지불해야 한다. 개인소지 토지의 경우 토지용도, 증빙서류 확인 등 행정부분에서 주의가 필요하다.
- 외국인투자 기업의 경우 정책적으로 공단 외 지역 투자 허가가 불가능한 경우가 많다. 따라서 공단 외 지역에 투자하는 경우에는 반드시 인민위원회에 허가 가능 여부를 확인 한 후에 투자해야 한다.

| 공단 및 일반지역 입주 장단점 |

구 분	승인기관	장 점	단 점
공단	• 지방정부 • 공단관리위원회	• 인프라 기반 • 인허가 수속 대행 • 물류여건 양호 • 토지보상비부담 없음 • 세관입주 • 수출입 통관 편의	• 높은 토지임차료 • 관리비 부담
일반지역	• 지방인민위원회 • 기획투자부	• 저렴한 토지임차료 • 인력확보 용이 • 인건비가 낮음	• 인프라 정비 미흡 • 인허가 직접 수행 • 물류여건 낙후 • 토지보상비 부담 • 부대 비용발생 가능

경제특구

- 수상이 지정하며 국가균형발전의 일환에서 남부 1개, 북부 5개를 제외한 12개 경제특구가 낙후된 중부에 집중되어 있다.
- 법인세 10%를 15년 동안 적용, 원자재/부자재에 대하여 5년간 수입관세 면제 및 개인소득세 50% 감면 등이다.
- 최근 지역에 따라 적용 우대혜택 차이를 보이고 있어 사전문의가 필요하다.

노무관리

고용계약

근로계약은 다음 형식 중 하나로 이루어져야 한다. 기간의 정함이 없는 근로계약은 양 당사자들이 계약기간 및 계약 만료일을 정하지 않은 계약이다. 기간의 정함이 있는 근로계약은 양 당사자들이 계약기간을 12개월에서 36개월 이내로 정한 계약이다. 그 외에 12개월 미만의 계절적 작업 또는 특정 작업에 대한 근로계약이 있다.

기간의 정함이 없는 근로계약과 12개월 미만의 계절적 작업 또는 특정 작업에 대한 근로계약의 경우에 규정된 근로계약의 기간이 종료되고, 근로자가 근로를 계속하는 경우, 양 당사자는 계약 종료일로부터 30일 이내에 새로운 근로계약을 체결해야 한다. 만약 새로운 근로계약이 체결되지 않는 경우에는 기간이 정함이 있는 근로계약은 기간의 정함이 없는 근로계약이 되고, 12개월 미만의 기간의 정함이 있는 근로계약은 계약기간을 24개월로 정한 근로계약이 된다.

양 당사자가 기간의 정함이 있는 새로운 근로계약을 체결하는 경우에는 양 당사자는 1회에 한해 연장할 수 있으며 만약 그 이후 근로자가 근로를 계속한 경우에는 기간의 정함이 없는 근로계약을 체결해야 한다. 근로계약은 서면으로 2부를 작성하여 사용자 및 근로자가 각각 1부씩 보관한다. 베트남 노동보훈사회부에서 정한 표준근로계약서 양식을 활용한다. 3개월 미만의 임시근로의 경우는 구두로 근로계약 체결 가능하다.

12개월 이상 계속될 특정 작업을 행하게 할 목적으로 12개월 미만의 계절적업과 특정작업에 대한 근로계약을 체결하는 것은 금지된다. 단, 군복무중인 근로자, 질병으로 인한 휴직자, 육아 휴직자, 산업재해를 당한 근로자 또는 기타 일시 휴직자를 임시적으로 대체하는 경우는 예외로 한다.

근로시간

사용자는 근로자의 근로시간을 일 또는 주 단위로 정할 수 있다. 단, 근로시간은 1일 8시간, 1주 48시간을 초과할 수 없다. 주 단위로 정할 경우 정규 근로시간은 1일 10시간, 1주 48시간을 초과할 수 없다. 그리고 노동보훈사회부는 특별하게 과중·유해·위험한 작업에 종사하는 근로자의 근로시간을 1일 6시간을 초과할 수 없도록 규정하고 있다.

또한 15세 이상 18세 미만의 미성년자는 1일 8시간, 1주 40시간을 초과할 수 없으며 15세 미만의 미성년자는 1일 4시간, 1주 20시간을 초과할 수 없다. 극히 과중한 업무 수행 여성 근로자는 경한 근무로 전환 또는 1일 1시간 단축(임금 전액 지급) 근무가 가능하다.

초과 근무

1일 4시간, 1개월 30시간, 1년 200시간을 초과할 수 없다. 1일 초과 근로 시간은 규정된 1일 근로 시간의 50%를 넘을 수 없다. 주 단위 근무 시 평상 근무시간과 초과근무 시간 합계가 1일 12시간은 넘을 수 없다. 특별히 정한 경우에도 1년 300시간을 초과할 수 없다. 기업 입장에서는 초과근무 시간이 짧다는 비판이 많았고, 이에 베트남 정부는 2018년 개정이 예정되어 있는 노동법을 통해 초과근무 시간 확대를 검토하고 있다.

휴식시간

일일 휴식, 교대 근무 중 휴식은 8시간을 계속 근로하는 경우 근로 시간 중 적어도 30분의 유급휴식 시간을 주어야 한다. 야간작업 근로자는 근무 시간 중 적어도 45분의 휴식 시간을 가져야 한다. 야간 교대 근무의 경우 다음 교대 근무를 시작하기 전까지 적어도 12시간의 휴식 시간을 가질 수 있도록 해야 한다. 기업들은 통상 점심시간을 휴식시간으로 처리하고 있다.

휴가

한 사업체에서 12개월 동안 근무한 근로자는 연 12일의 유급 연차 휴가를 가질 수 있다. 하지만 근로의 성격에 따라 14일 혹은 16일이 주어지는 경우도 있다. 한 사업체에서 계속 근로 시 5년마다 1일씩 연차 휴가가 추가된다. 연차 휴가를 여러 차례로 나누어 사용하기 위해 근로자는 사용자와 협의할 수 있다.

지역이 먼 근무자는 2년분의 연차 휴가를 합해 한꺼번에 사용할 수 있다. 만약 3년 분 연차 휴가를 한 번에 사용할 경우에는 사용자의 동의를 얻어야 한다. 미사용 연차 휴가 일수에 대해는 수당을 지급 받을 수 있다. 근무연수 12개월 미만의 근로자의 경우 연차 휴가 일수는 근무기간에 비례해 정해지며 휴가 대신 현금으로 지급될 수 있다.

해고

사용자의 일방적 근로계약 해지권
- 근로자가 자신에게 주어진 근로 약정이나 임무를 완성하지 못한 경우
- 근로자가 취업 규칙 위반에 따를 징계 조치로서 해고된 경우
- 기간의 정함이 없는 근로자가 12월 이상 연속적으로 치료받을 경우
- 12개월 이상 36개월 미만 기간의 근로자가 질병으로 인해 6개월 연속 치료 받을 경우
- 12개월 미만의 계절적 사업 또는 특정한 사업에 관한 근로 계약의 경우 근로자가 계약 기간의 1/2 이상을 경과해 치료했음에도 근로 능력이 없을 경우다. 단 근로자의 건강이 회복되면 계속 근로계약 체결을 고려해야 한다.
- 근로계약 이행 정지기간이 지난 후 근무지 미복귀 경우
- 노동자가 절도, 횡령, 도박, 고의로 부상을 입힌 행위, 직장 내의 마약복용, 기술 비밀누설
- 정당한 사유도 없이 해당자가 1개월에 5일 이상 또는 1년에 20일 이상 무단결근 한 경우

🚢 근로 계약의 일방적 해지 절차

- 사용자는 노동조합 집행부와 서로 협의와 동의를 얻어야 한다.
- 동의에 이르지 못한 경우 쌍방은 유관기관, 조직에 그 사실을 신고해야 한다. 지방 노동관서에 통고한 날로부터 30일 이후부터 사용자는 계약 해지를 결정할 수 있다.
- 노동조합 집행부가 사용자의 결정에 동의하지 않는 경우 노동조합 집행부와 근로자는 노동쟁의 해결에 관해 규정된 절차와 수순에 따른 노동쟁의 해결을 요청할 수 있다.
- 사용자가 일방적으로 근로 계약을 해지할 경우에는 미리 근로자에게 통보해야 한다.

퇴직금

12개월 이상 정기적으로 근무해 온 근로자와의 근로 계약을 해지할 때는 사용자는 퇴직금 지급 책임이 있어 매 근무 1년에 대해 월급여의 1/2을 지급해야 한다. (2009년 실업보험 시행 이전 기간 및 10인 이하 사업장) 2009년 이후로 실업보험제도 적용으로 인하여 실업보험납부자(12개월)에 한해서 퇴직금 대신 실업보험기금이 지급된다. 따라서 사용자가 실업보험금을 빠짐없이 납부하였다면 근로자에게 별도의 퇴직금을 지급할 필요가 없다. 실업보험료는 근로자는 1%, 사용자는 1%, 정부가 1%의 예산을 지원한다.

파업

적법한 파업은 노동조합집행위원회 또는 노동자 대표자가 파업결정서를 작성하여야 한다. 또한 요구서에 동의하는 노동자의 비율은 최저 50% 이상이어야 한다. 그리고 파업 5일전에 노동집행위원회 또는 대표자가 파업결의나 요구서를 회사나 지방성 노동국에 제출해야 한다.

파업행위 금지사항

- 다른 노동자에게 방해, 선동, 파업참가 강제권유 등
- 기업의 기계, 설비파손과 파괴
- 공공안전 방해
- 파업을 준비한 노동자, 조직자, 지도자에 대한 노동계약서의 종료 및 노동규율 처분
- 파업을 주도하고, 참가한 자에 대한 보복조치, 불법행위, 기타 위반 행위를 파업에 이용하는 행동

사회보장제도

건강보험

베트남의 사회보험은 퇴직연금 및 유족급여, 질병 및 출산급여, 산업재해 급여를 내용으로 하고 있다. 구체적으로 질병, 임신, 출산, 퇴직, 사망, 산업재해, 직업병 등에 대해 보험금을 지급하게 되며 1개월 이상의 근로계약이나 기간의 정함이 없는 근로계약을 맺는 경우에 의무적으로 가입해야 한다. 근로자가 사회보험금을 지급받는 기간 동안 사용자는 급여를 지급하지 않아도 된다. 가입대상이 아닌 근로자에게 는 임금지급일에 임금 외에 보험료에 상응하는 금액을 함께 지급해야 한다. 보험요율은 사용자가 17.5%, 근로자가 8%다.

고용보험 12개월 이상 정기적으로 근무해 온 근로자와의 근로 계약을 해지할 때는 사용자는 퇴직금 지급 책임이 있으므로 매 근무 1년에 대해 월 급여의 1/2을 지급해야 한다. (2009년 실업보험 시행 이전 기간 및 10인 이하 사업장) 2009년 이후로 근로계약기간이 12개월 이상인 근로자 10인 이상을 고용한 사용자 및 근로자는 의무적으로 실업보험에 가입해야 한다. 이러한 실업보험 납부자에 한해서 퇴직금 대신 실업보험기금이 지급된다. 따라서 근로자가 2009년 관련법 시행 이후 고용되었고, 사용자가 실업보험을 충실히 납부하였다면 사용자는 근로자에게 별도의 퇴직금을 지급할 의무가 없다. 실업보험요율은 근로자 1%, 사용자 1%이고, 이외에 정부가 1%에 대한 예산을 지원한다.

산재보험

베트남에서 영업하는 모든 회사와 기관과 그 직원은 의료보험에 의무적으로 가입해야 한다. 보험요율은 사용자 3%, 근로자 1.5%다.

국민연금

20년 이상 사회보험을 납부한 60세에 달한 남성 근로자와 55세에 달한 여성 근로자는 사회보험에 의해 매월 연금을 수령할 수 있다.

기타

2017년 6월을 기준으로 베트남에서 근무하는 외국인근로자는 사회보험, 의료보험, 실업보험 중 의료보험만 가입하면 되었다. 그러나 2018년 10월부로 외국인 근로자 대상으로 사회보험 의무 가입 및 납부가 확정되었다. 적용대상은 베트남 기관으로부터 노동허가서 및 업무 관련 증명서를 발급받은 정규직 근로계약자 혹은 1개월 이상의 기간의 정함이 있는 근로자들이다. 단, 외국 본사에서 파견되어 베트남에 근로하는 자는 제외된다.

과세제도

법인세 납세의무자

법인세법에서는 개인사업자를 법인세 적용대상에서 제외하고, 오직 회사의 형태를 가진 납세자만을 법인세법의 적용대상으로 규정하고 있으며 외국법인(외국의 법에 의해 설립 된 법인)도 베트남 내의 고정사업장 존재 유무와 무관하게 납세의무자로 언급하고 있다.

베트남 내에 고정사업장이 있는 외국법인은 베트남 내에서 발생한 과세소득 및 베트남 내의 고정사업장의 운영과 관련해 외국에서 발생한 과세소득에 대해서 납세 의무가 있다. 또한 베트남 내에 고정사업장이 없는 외국법인은 베트남 내에서 발생한 과세소득에 대해 납세의무가 있다.

법인세율

베트남의 기본 법인세율은 2016년 1월 1일 부터 20%다. 석유, 가스, 천연자원 관련 기업은 이러한 기본 법인세율이 아닌 32~50%의 세율이 적용된다(기존세율은 28~50%). 이전 연도 소득금액이 200억 동 미만일 경우 17%가 적용된다.

법인세법상 인정되는 비용

이전 법인세법에서 인정되는 비용을 구체적으로 나열했던 것과는 다르게 새로운 법인세법은 인정되는 비용에 대한 일반적인 세율을 다음과 같이 3가지로 제시하고 있다.

① 실제로 발생한 비용으로 회사의 사업과 관련이 있을 것
② 하자 없는 세금계산서 및 기타 증빙서류들이 갖춰져 있을 것
③ 법에 나열된 공제 불가능 항목에 해당하지 않을 것

법인세의 신고 및 납부

투자기업은 분기별로 안분된 금액은 중간 예납을 해야 한다. 이전 규정에 의하면, 분기별 중간예납 신고제도가 있었으나 폐지되었다. 한편, 회계 연도가 종료된 이후 90일 이내에 연 확정 세무 신고서를 관할 세무서에 제출해야 한다. 일반적으로 12월 말 결산일을 채택하지만 별도 승인을 받는 경우 12월 말 결산일을 채택하지 않을 수도 있다.

이월 결손금

외국인투자기업은 이월 결손금의 공제가 5년간 가능하며 매 회계연도 발생한 이월 결손금은 세무관서에 사용 계획을 등록해야 한다.

지분 양도 세금

기업의 지분권자가 보유 지분을 매각할 경우에 해당 매각 거래로 인하여 발생한 차액의 20%를 양도 세금으로 내야 한다. 과세 소득은 양도가액(매각 관련 비용 제외 후)에서 최초 투자 금액을 차감한 금액이다. 해외법인에 의한 유가증권(주식, 채권 등)의 양도 시에는 양도가액의 0.1%를 납부해야 한다. 거주자인 내국법인인 경우 매각으로 인한 이득의 20%를 납부한다.

개인 소득세

개인소득 세법상 외국인 중 거주자와 비거주자는 다음과 같이 구분하고 있다. 베트남에서의 체류 기간이 182일 이내인 경우 비거주자로 판정된다. 베트남에서 원천이 있는 근로소득에 대해 20%의 세율로 과세한다. 한국의 경우 이중 과세 방지 협정에 의해 베트남에서 납부한 세액은 한국에서 외국 납부 세액 공제를 받을 수 있다. 베트남에서의 체류 기간이 183일 이상이거나 조세 목적상 영구 거주자인 경우 전체 소득에 대해 5%에서 35%까지 누진 세율이 적용된다.

베트남 입국 후 12개월 동안 183일 이상 베트남에 거주하는 개인은 거주자에 해당한다. 따라서 거주자에 해당되는 외국인은 전체 소득에 대해 과세된다. 간혹 베트남 거주자임에도 불구하고 소득세 신고 시 현지 수당만 신고하고 한국 내 수입은 신고하지 않는 경우가 있을 때 세무조사 시 문제되는 경우가 많으므로 주의해야 한다.

과세 소득은 고용 계약서, 소득 영수증 또는 베트남 또는 외국에서 발생한 소득에 대한 관련 서류에 의해 계산된다. 요청이 있는 경우 납세자는 소득 관련 증빙을 제출해야 한다.

정규 소득에 대한 개인소득세 과세는 매년 이루어지나 월평균 급여 기준으로 원천 징수한다. 소득세 신고 및 납부는 매월(수령일 익월 20일까지), 혹은 분기(분기 이후 30일 이내)로 한다. 연기준의 연말정산을 수행하여 개인소득세 납부액을 익년도 90일 이내에 최종 정산해야 한다.

과세대상

부가가치세법에 의하면 제조 활동, 무역, 용역 제공 또는 재화를 수입하는 개인 또는 기업에 대해 부가가치세를 과세하도록 하고 있다.
① 가공되지 않은 농산물품으로서 생산자와 판매자가 같은 경우
② 소금 생산, 특별 소비세가 부과되는 제품 또는 용역
하지만 베트남에서 제조할 수 없는 기계 장치 등 일부 재화 및 서비스 등에 대해서는 부가가치세를 면제하도록 되어 있다.

부가가치세율

부가가치세율은 일반적으로 10%이나, 제공하는 재화 및 용역의 성격에 따라 5%의 세율을 적용하고 있다.
① 0% : 수출품 및 임가공 수출, IT Software의 수출 등
② 5% : 일반적으로 생활필수품과 관련한 제품 및 서비스에 부과
③ 표준 세율로 세율 및 부가세 면제 대상 품목을 제외한 모든 제품 및 활동

신고 및 납부

재화 또는 용역을 공급하는 사업자는 익월 20일까지 부가가치세 신고 및 납부해야 한다. 단 전연도 매출액이 5백억 동 이하의 사업자의 경우 매 분기말 익월 30일까지다.

환급

2014년도부터 부가세 환급 신청을 1년 단위(만 12개월)로 환급받을 수 있다. 단, 환급액 3억 동 초과 수출기업은 제외한다. 부가세 공제 방법으로 부가세 납부하는 사업장은 매입 부과세금을 월별 또는 분기별로 신고하여 미 공제 누적금액이 발생할 경우 다음 기간으로 상계 공제된다. 최초 공제 신고 월부터 12개월 이후 또는 최초 분기부터 4분기 경과 이후에도 누계된 미 공제 부과세금이 발생하며, 매입 부과 세금이 공제되지 않은 경우 부가세를 환급받게 된다.

특별소비세

담배, 주류, 자동차, 에어컨 등 재화뿐만 아니라 마사지, 카지노, 골프 등 용역 활동에 대해서도 부가된다.

● **특별소비세율(2018. 1. 1. 기준)**
  - 시가/담배 : 70%
  - 증류주/와인(알콜 함유량 20% 미만) : 35%
  - 맥주 : 65%
  - 석유 : 7~10%
  - 24인승 미만 자동차 : 10~150%
  - 배기량 125cc 초과 오토바이 : 20%
  - 에어컨(90,000BTU 이하) : 10%
  - 카지노, 슬롯머신 : 35%
  - 골프 : 20%

베트남 이야기

중국 짝퉁의 어설픈 K모방 흉내

베트남 생활용품·인테리어 소품 매장에서는 한국인들이 고개를 갸웃거릴 만한 문장이 적힌 물건을 쉽게 발견할 수 있다. '많이 맛 향수,' '스스로에게 좀 즐겁'처럼 번역기를 돌려 적어 놓은 것처럼 어색한 한글 표현이 적혀 있는 경우도 많다. 몸을 마사지하는 도구에 '마사지 머리 솔'이라고 적혀 있는 등 엉뚱한 설명이 달려있는 것도 흔하다.

'무무소(MUMUSO)·무궁생활, 미니곰(MINIGOM)·삼무' 등 베트남의 대형 쇼핑몰에 입점한 생활용품·인테리어 소품 매장들은 매장 로고와 인테리어 등에 모두 한글을 사용한다. 매장에 들어서면 직원들이 '안녕하세요' '어서 오세요'라며 한국말로 인사를 하고, 상품명도 한글로 적혀 있다. 케이팝(K-POP·한국 노래)을 틀어놓고, 직원들에게 한복을 입히기도 한다. 얼핏 보면 한국 매장 같지만 이 매장들의 국적은 중국. 저가(低價) 상품을 주로 취급한다. 반중(反中) 감정이 강한 베트남에서 한국을 내세워 영업하는 것이다.

이런 짝퉁 브랜드가 늘어나면서 한국 정부와 한국 기업들의 항의가 잇따르자 베트남 당국은 해당 브랜드들에 대한 조사에 착수하겠다고 발표했다. 그리고 작년 7월 베트남 산업통상부는 한국을 표방하는 짝퉁 브랜드들 중 처음으로 '무무소'가 소비자보호법 및 공정경쟁법 등을 위반했는지 조사한 결과를 발표했다. '무무소' 본사가 상하이에 있는 중국 브랜드다. 하지만 로고에 한국을 뜻하는 '.kr'을 사용하고, 홈페이지에 한국에서 받은 상표 등록증을 올려놓는 등 한국 브랜드로 오해하게끔 홍보하고 있다. 베트남에만 34개 매장이 있다.

당시 발표에 따르면, '무무소'에서 판매되는 2,273개 제품 중 2,257개가 중국에서 수입된 제품이었다. 99.3%가 메이드 인 차이나(중국산)인데도 한국 업체로 오인하게끔 마케팅을 하고 있던 것이다. 베트남 정부는 1억 동(약 500만원)의 벌금을 부과했다. 지금까지 벌어들인 돈에 비하면 극히 적은 액수다. 베트남 현지에서도 '솜방망이 처벌'이라는 비난이 나왔다.

한류에 편승한 짝퉁 매장이 늘자 우리나라 특허청은 지난 5월 베트남 특허청·밀수방지조사국과 협의회를 개최하는 등 우리 기업의 지식재산권 보호를 강화하기 위한 행동을 시작했다.

출처:조선경제, 2019년 10월 28일자 (2)

한국의 베트남에 대한 국가협력사업

한국의 베트남 지원현황

- 2013~2015년 기간 동안 발굴된 대부분의 사업은 제2차 CPS 기간 동안 시행될 예정으로, 제한된 3년간의 CPS 적용 기간이 만료되는 시점에서는 CPS로 인해 지원된 중점협력분야 사업 지원

- 지난 3년간(2012~2014년) 38개 이상의 부처·기관에서 8억8,475만 달러 규모의 원조사업을 추진함

- 무상원조 사업으로 총 1억8,271만 달러를 지원했음

- 유상원조 사업은 이 기간 총 7억204만 달러를 집행하였으며 총 10억4,435만 달러 규모를 신규 약정함

- 2010~2014년간 베트남에 대한 지원은 운송 및 저장 분야(55%)가 가장 많았고, 이어 보건, 교육, 환경보호, 식수공급 및 위생 분야가 상위를 차지함

┃한국의 지원계획┃

Vision 2020 SEDS '11~'20 사회경제 개발전략	현대화된 산업국가로 진입 (1인당 GDP $3,650~36,750 달성) ① 사회주의 시장경제 체제 구축 (공정경쟁 체제/행정개혁) ② 고급인력 양성 (교육제도 혁신) ③ 인프라 확충 (수송, 도시 인프라)
사회경제 개발계획 SEDP '16~'20	**경제-사회 모델 개혁 및 지속가능성 제고** **시장경제 발전** - 거시경제 안정 - 시장기제 및 비즈니스 환경 개선 - 수출촉진, 수입적정관리 **경제구조조정** - 공기업 및 은행체계 개혁 - 농촌 및 농업 개혁 - 산업화, 현대화 촉진 **인프라·자원개발** - 지역특화 발전 - 도시화 - 투자재원 활용 - 교통 개선 - 인적자원 개발 - 과학기술 활용 **사회·환경 개발** - 일자리, 소득 - 정책 개선 - 의료 - 서비스개선 - 환경지 속성 강화 **거버넌스 개선** - 부정부패 감소 - 자유, 민주주의, 안전 향상 - 안보, 주권 강화 - 우호적 대외관계 향상
한국의 지원목표	◆ 베트남 정부의 중기국가개발계획 이행을 위한 공공행정 강화 지원 ◆ 과학기술 및 분야별 고급인력 양성을 통해 현대산업국가 진입 지원 ◆ 보건위생 서비스 강화를 통한 중장기적 보건의료체계 강화 및 정책 개선 ◆ 교통인프라 및 정책·관리역량 강화를 통한 지역간 균형발전 지원

중점분야별 지원방향		
	공공행정 분야	• 경제·사회·환경 개발 및 거버넌스 개선을 위한 다양한 공공행정 역량 강화 지원 • 시장경제의 근간이 되는 법치 시스템 지원 및 비즈니스 환경 개선 지원 • 취약계층 및 사회통합을 위한 공공행정 역량 강화 지원
	교육 분야	• 현대적 산업국가에 적합한 각 분야 고급인력 양성 지원 • 과학·기술 분야 고등교육 기관 설립
	물관리 및 보건위생 분야	• 기후변화에 따른 물관리 및 질병 관리 역량 강화 • 농촌종합개발 지원을 통한 기초보건위생 증진 지원 • 주요 대도시 상·하수도 및 산업공단 폐기물 처리시설 확충 • 전문병원 설립을 통한 보건서비스 강화 지원
	교통 분야	• 교통분야(도로 및 철도) 정책 및 관리역량강화 • 철도(메트로 포함) 분야 협력 확대 • 민관협력을 통한 국가 주요 교통망 건설 지원

자료 : KOICA, 베트남 국가협력전략, 2016년 12월

베트남에 대한 지원분야

공공행정분야

- 베트남 정부의 연구·혁신 지원
  베트남 미래비전 교통분야개발컨설팅사업을 통해 베트남 정부의 공공부문 혁신을 위한 연구 및 인적역량 강화 지원

- 공공기관 효율화 강화를 위한 IT 부분 역량강화 지원
  공무원 IT 역량강화, 정책 자문, DB구축을 위한 F/S 등을 지원

- 시장경제발전 지원
  지가산정 및 전자조달, 외국투자관리 지원 등 비즈니스 환경 개선 및 민간부문 활성화를 위한 제도역량 지원

- 취약계층 및 사회통합을 위한 공공행정 역량 강화 지원
  낙후 지역공동체 개발 관련 지도자 양성 지원을 통해 지역균형, 특화 발전 지원, 여성역량 강화 및 여성보호를 위한 공공행정 역량 지원

- 거버넌스 개선 지원
  - 베트남 사법개혁 2020에 지원을 위해 한국이 법관연수원 역량 강화 사업을 지속 추진하여 사법부의 독립성, 신뢰도 향상에 기여
  - 최고인민검찰원, 감찰원, 회계감사원등 사정기관 역량강화사업을 통해 정부의 투명성 제고 및 부정부패 감소 노력 지원
  - 긴 전쟁으로 인한 전 국토의 불발탄·지뢰 오염을 효과적으로 제거하여 토지의 산업적 이용 제고 및 국민 안전 향상이 가능하도록 베트남 정부의 '504 위원회 프로그램'집행 역량 제고에 기여

교육분야

- 과학·기술 분야 중심의 고급 인재 육성 지원
  혁신산업 등 주요산업 분야 과학기술 R&D 역량지원을 위해 산·학·연 연계를 통한 인프라 및 제도 구축 지원

- 한국-베트남 과학기술연구원 V-KIST 설립 지원
  전문교육직업훈련을 통한 산업인력 양성, 한국-베트남 산업기술대학 3차 지원 사업 등

- 베트남 정부의 수요에 따른 분쟁 해결 및 법부 전문 인력 지원
  역량강화 및 환경 친화적 산업화를 위한 전문 인력 양성

물 관리 및 보건위생분야

- 베트남 정부의 기후 대응·적응 노력에 대한 지원으로 기후변화 관련 물 관리 및 질병 관리 역량 강화, 특히 메콩지역에서의 기후 대응·적응을 위한 국제사회의 지원 노력에 공조

- 베트남 주요 대도시 및 산업공단지역의 상하수도 및 폐기물 처리 시설 확충을 지원하고, 민관협력이 가능한 사업을 우선적으로 발굴 및 계획

- 암, 심장병 등 중증질환에 대한 진단 및 치료가 가능한 3차 의료기관 및 특수 병원의 권역별 거점 도시 건립을 지원하여 소도시 등에 거주하는 중증질환자의 보건서비스 접근성 향상 및 외국유출 환자

의 국내 수용에 기여, 또한 현지 및 국내 교육기관·국공립 민간병원·NGO 등과 연계하여 효율적 기관역량 강화와 사후관리 도모를 통한 기초보건 의료 서비스 강화에 기여

- 국내 유수 병원 및 대학 등 기관과 협력한 중장기 연수 시행 등을 통해 베트남 보건인력 중증질환 치료 역량 향상에 기여하는 한편, 우리나라의 새마을운동과 유사한 '신농촌개발국가계획'을 추진하는 베트남 정부의 노력을 지속적으로 지원하는 것의 일환으로 농촌종합개발 새마을 사업 '행복프로그램'을 추진

교통

- 교통분야개발컨설팅사업 및 고속도로 관리·제도역량 강화 사업 등을 통해 한국의 교통부문 정책 및 제도 구축 경험 전수

- 2020년까지 베트남 철도 표준궤 전환을 지원하고, 주요 항만으로부터 베트남 대도시 및 라오스 내륙으로 연결되는 철도 노선 신설을 지원하여 국토의 균형발전 및 라오스 등 주변 ASEAN 국가와 무역활성화를 통한 지속 가능한 경제성장에 기여
한국의 다양한 경험 및 노하우를 공유할 수 있는 양국 정부차원의 협력 채널을 구축하여 베트남이 철도분야사업을 추진하는데 시행착오를 방지하고, 기술 자립을 이뤄나갈 수 있도록 지원

베트남 이야기

베트남 전쟁

▷ **프랑스 식민지 해방**

베트남은 1883년부터 프랑스 식민지였고, 제2차 세계대전 중에는 일본의 지배를 받았다. 하지만 일본이 전쟁에서 패배한 다음 해인 1946년에 프랑스는 다시 베트남을 프랑스 식민지로 삼았다. 이후 베트남은 프랑스로부터 독립을 하기 위해 전쟁을 벌였다.

베트남에는 오랫동안 독립운동을 이끌어온 호치민이라는 지도자가 있었다. 그는 사회주의자로 베트남 국민들의 높은 지지를 받고 있었다. 결국 호치민이 이끄는 베트남군은 1954년에 프랑스를 베트남에서 몰아냈다.

그러나 미국을 비롯한 서양의 강대국들은 베트남이 사회주의 국가가 되는 것을 원하지 않아 베트남을 남과 북으로 갈라놓았다. 이에 따라 베트남의 북쪽은 호치민이 이끄는 독립 국가가 들어섰고, 남쪽에는 미국이 지원하는 정권이 세워졌다. 그런데 남베트남의 대통령인 응오딘지엠은 사람들을 탄압하는 독재정치를 하여 호치민을 지지하는 남쪽 사람들이 많았다. 이들은 통일을 위해 '베트콩(베트남 민족해방전선)'을 만들어 남베트남 정권과 싸웠다. 그런데 호치민은 이들을 적극적으로 지원했다.

▷ **미국의 베트남전쟁 참가**

미국의 케네디 대통령은 남베트남 정권을 돕기 위해 군대를 베트남에 보냈다. 이어서 존슨 대통령도 북베트남을 공격할 계획을 세웠다. 존슨 대통령은 1964년 8월에 미국 전함 두 척이 베트남과 중국 사이에 있는 '통킹 만'에서 북베트남의 공격을 받았다고 발표했다. 이것이 바로 '통킹 만 사건'이다. 이 사건은 미국이 북베트남과 전쟁을 하기 위해 꾸민 일이라고 하지만, 이 사건을 배경으로 미국은 본격적인 베트남과 전쟁을 시작하였다.

미군은 북베트남을 무자비하게 공격하였고, 반군을 물리치기 위해 밀림에 불을 지르고, 고엽제(식물의 잎을 말려 죽이는 약품)를 뿌렸다. 베트콩들이 숨을 곳을 없애고 식량 보급을 막기 위해서였다. 하지만 전쟁은 쉽게 끝나지 않아 베트콩은 국민들의 지지를 받으며 정글에 숨어 미군과 싸웠다.

▷ **미군의 패배**

미국은 베트남 전쟁을 치르며 유럽 나라들에게 도움을 요청했으나 모두 거절당하자 한국, 오스트레일리아, 필리핀, 뉴질랜드 등의 도움을 받아 전쟁을 계속했다. 미군은 전쟁에서 어려움을 겪었고, 북베트남군과 베트콩은 그 세력이 점점 강해졌다. 1968년 북베트남군과 베트콩은 베트남의 음력 설날인 1월 30일에 남베트남의 서른여섯 개 도시를 기습적으로 공격하였고, 남베트남의 수도인 사이공(현재 호치민)까지 함락하였다.

당시 미국의 수도 워싱턴 D.C.에서는 매일 베트남 전쟁 반대 시위가 계속되었다.

그러자 미국은 전쟁을 계속하기가 힘들어 졌다. 미국의 여론으로 전쟁의 승리를 낙관하기 어렵다는 사실이 알려지면서 미국에서는 반전 여론이 높아졌고, 결국 존슨 대통령이 재선 실패로 군사개입의 중단을 내세운 닉슨이 대통령으로 당선되었다. 닉슨은 1969년 '닉슨 독트린(Nixon Doctrine)'을 새로운 안보·외교 전략으로 내세우며 미군의 철수 계획을 발표하였다. 그리고 닉슨 대통령은 북베트남과 평화회담을 제안하기로 했다. 1969년 6월 이후부터 남베트남에서 미국 군대를 조금씩 철수했다. 결국 1973년 1월 프랑스 파리에서 미국, 남베트남, 북베트남, 베트콩 등 대표가 모여 평화회담을 열어 전투를 중단하기로 하는 휴전 협정을 맺었다. 하지만 이듬해 12월에 북베트남과 다시 전투를 시작했고, 1975년 4월에 결국 남베트남은 항복했다. 베트남이 사회주의공화국으로 통일되면서 비로소 베트남 전쟁은 끝이 났다.

▷ 베트남 전쟁과 희생자

베트남 전쟁은 미국이 패배한 최초의 전쟁으로 많은 상처를 남겼다. 한편 베트남은 많은 희생을 치렀지만 통일국가를 건설하여 민족의 자존심을 지키게 되었다.

미국의 베트남 파병은 1965년에 약 18만명이었으나 1969년에는 48만명, 최고로 많을 때는 약 55만명에 이르렀다. 뿐만 아니라 미국은 다른 나라의 군대까지 베트남 전쟁에 끌어들였다. 한국을 비롯해 호주와 필리핀의 군대가 남베트남을 돕기 위해 파병되었다. 하지만 베트남 전쟁으로 많은 희생자가 발생했다. 미군은 5만 8,200명(캐나다인 100명 포함), 남베트남군은 20만~25만명, 북베트남군은 약 110만명, 남북베트남 민간인은 약 200만 명, 한국군 4,000명 이상, 호주군 500명 이상, 태국군 약 350명, 뉴질랜드군 약 30명이 사망하였다.

▷ 한국군 파병

한국은 베트남 전쟁에 미국 다음으로 많은 병력을 파병한 국가다. 한국은 1964년 9월 의료진을 중심으로 한 비전투요원을 파견한 것을 시작으로 '맹호부대, 청룡부대, 백마부대' 등 30만명이 넘는 전투 병력을 베트남에 파병했다. 그리고 많은 참전 군인들이 고엽제 피해 등으로 지금도 후유증에 시달리고 있다.

Memo

베트남
관광 · 비즈니스

ln Ⅴ. 유익한 생활정보

편리한 베트남어

생활용어

한국어	베트남어	한국어	베트남어
버스	쌔 뷧	식당	냐 안
택시	딱 씨	시장	쩨
기차	따우 호아	슈퍼마켓	씨에우 티
정류장	벤 쌔	호텔	칵 산
역	가	병원	벤 비엔
비행기	마이 바이	한국	한 꾁
공항	선 바이	자유	뜨 조
여권	호 찌에우	희망	히 봉
편도	못 찌에우	어둠	봉 또이
왕복	크 호이	죽음	까이 젯
거스름 돈	띠엔 트어	절망	뚜엣 봉
물	느억	빛	아잉 쌍

호칭

한국어	베트남어	한국어	베트남어
할아버지	옹	어머니	메
할머니	바	형, 오빠	아인
큰아버지	박	언니, 누나	찌
아가씨	꼬	동생	엠
작은아버지	쭈	자녀	꼰
외삼촌	꺼우	조카, 손자	짜우
이모	지	남자 선생님	터이
아버지	보	친구	반

숫 자				
1	못	0	콩
2	하이	12	므어이 하이
3	바	20	하이 므어이
4	본	100	못 짬
5	남	1000	못 응안
6	사우	10000	므어이 응안
7	바이	100000	못짬 응안
8	땀	140000	못짬 본 므어이
9	찐	150000	못짬 남므어이
10	므어이	1000000	못 찌에우

색상		동물	
무지개	꺼우 봉	사자	껀 쓰 뜨
빨강색	마우 더	호랑이	껀 호
주황색	마우 깜	곰	껀 거우
노란색	마우 방	표범	껀 바오
초록색	마우 싸잉 룩	늑대	껀 까오
파랑색	마우싸잉 즈엉	고양이	껀 매오
남색	마우 람	족제비	껀 쫀
보라색	마우 띰	독수리	찜 다이 방
갈색	마우 너우	매	찜 지에우 허우
하얀색	마우 쨩	까마귀	껀 꽈
회색	마우 쌈	고래	까 보이

생 활 회 화	
안녕하세요	씬 짜오
감사합니다	씬 깜 언
실례합니다	씬 로이
네	벙
아니오	콩
괜찮습니다	콩 싸오
좋아요	똔 꾸야
싫어요	콩 틱
맛이 있어요	응온
얼마입니까?	바오 니에우?
비싸요	닷 꾸아
깎아 주세요	잠 쟈 디
영수증 주세요	쪼 또이 화 던
화장실은 어디에 있습니까?	냐 베 씽 어 더우?
~로 가 주세요	쪼 또 이 덴~
만나서 반갑습니다	젓 부이 드억 갑
포장해 주세요	고이라이 줍 또이
좋아하다	틱
정말?	아 테 아
맙소사	어이 조이 어이

생 활 회 화

방콕행 비행기를 예약하고 싶습니다.	또이 무온 닷 베 쭈옌 디 방 꼭
편도입니까? 왕복입니까?	베 못 찌에우 하이 베 크 호이 아?
왕복입니다.	크 호이 아
좌석 등급은 무엇으로 하시겠어요?	찌 무온 베 게 항 나오?
일반석으로 부탁합니다.	또이 데 응이 항 게 트엉
요금이 얼마입니까?	쟈 베 라 바오 니에우?
도착 시각은 언제입니까?	져 덴 테 나오?
예약을 확인하고 싶습니다.	또이 무온 싹 년 담 쪼
예약을 변경하고 싶어요.	또이 무온 타이 도이 베 닷
다른 비행기로 변경하고 싶어요.	또이 무온 쭈옌 쌍 쭈옌 바이 칵
체크인하고 싶습니다.	또이 무언 년 퐁
어느 분 앞으로 예약되어 있습니까?	퐁 드억 닷 테오 뗀 꾸어 비 나오 아?
제 이름으로 예약했습니다.	다 닷 퐁 테오 뗀 또이
성씨의 철자를 말씀해 주세요.	쎈 하이 다잉 번 호
예약하고 싶습니다.	또이 무온 닷 퐁
2인실 부탁합니다.	또이 데 응이 퐁 도이
1박에 얼마입니까?	못 응아이 뎀 바오 니에우 띠엔?
바다가 보이는 방으로 주세요.	쪼 또이 퐁 어 피어 버 비엔
체크인은 어디서 합니까?	란 투 뚝 년 퐁 어 더우 아?
짐을 방까지 좀 부탁합니다.	또이 녀 망 하잉 리 덴 떤 퐁

생 활 회 화

이 요리는 맛이 어떻습니까?	비 꾸어 몬 안 나이 테 나오 아?
한식을 먹겠습니다.	또이 틱 껌 한 꾸옥
이탈리안 레스토랑이 좋아요.	또이 틱 냐 하잉 이
제가 점심을 대접하고 싶습니다.	또이 무온 머이 브어 쯔어
우리 점심이나 같이 할까요?	쭝 따 중 브어 쯔어 꽁 냐우 녜
저는 이미 먹었어요.	또이 다 안 조이
저는 점심을 싸 왔어요.	또이 무어 도 안 쯔어 덴 더이 조이
피자 먹으러 갈까요?	디 안 삐자 녜
이 근처에 한국 식당이 있습니까?	건 더이 꼬 냐 항 한 꾸옥 콩?
쇼핑센터는 어느 방향입니까?	쫑 떰 무어 쌈 어 흐엉 나오 아?
이쪽으로 쭉 걸어가세요.	끄 디 보 탕 흐엉 나이
시계 매장은 어디에 있습니까?	꾸어 항 동 호 어 더우 아?
화장품 코너를 찾고 있습니다.	또이 당 띰 곡 미 펌
문구점은 몇 층입니까?	꾸꾸아이 반 반 퐁 펌 떵 머이 아?
면세점은 몇 층입니까?	꾸아이 미엔 뒈 어 떵 머이 아?
운동화는 어디에서 구입합니까?	무어 쟈이 테 타오 어 더우 아?
기념품 가게는 어디에 있습니까?	꾸어 항 도 르우 니엠 어 더우 아?
입구는 어디입니까?	로이 바오 어 더우 아?
출구는 어디입니까?	로이 자 어 더우 아?
실례합니다. 여기가 어디입니까?	씬 로이, 더이 라 더우 아?

생 활 회 화

시청역입니다.	라 가 시티 홀
제가 지금 있는 곳이 어디입니까?	쪼 또이 당 등 버이 져 라 어 더우?
여기가 이 지도에서 어디입니까?	쪼 나이 라 어 더우 쩬 반 도 나이?
백화점은 어디에 있습니까?	바익 화 어 더우 아?
공중화장실은 어디에 있습니까?	냐 베 씽 꽁 꽁 어 더우 아?
걸어서 얼마나 걸립니까?	디 보 티 멋 바오 러우 아?
가장 빨리 가는 방법은 무엇입니까?	까익 나오 디 냐잉 녓 아?
지름길이 무엇입니까?	드엉 땃 디 테 나오 아?
안녕하세요.	씬 짜오
안녕하세요. 만나서 반갑습니다.	짜오 찌, 젓 부이 드억 갑 찌
어떻게 지내십니까?	자오 나이 아잉 테 나오?
잘 지내고 있어요. 당신은요?	또이 빙 트엉. 꼰 아잉?
저도 잘 지내고 있어요.	또이 꿍 쾌
만나서 반가웠어요. 다음에 또 만나요.	젓 부이 드억 갑 찌. 헨 갑 라이 녜
네, 그럼 안녕히 가세요.	벙, 아잉 디 아
안녕히 주무세요. (밤)	쭉 응우 응온
혹시 밍씨 입니까?	아잉 꼬 비엣 아잉 밍 콩?
오랜만입니다.	러우 꾸어 조이 콩 갑
수고하세요.	짜오 찌
안녕하세요. 만나서 반갑습니다.	짜오 찌, 젓 부이 드억 갑 찌

생 활 회 화

어떻게 지내십니까?	자오 나이 아잉 테 나오?
안녕히 가세요.	아잉 디 아
이름을 물어봐도 됩니까?	쪼 펩 또이 호이 뗀 아잉 드억 콩?
영수라고 불러주세요.	씬 끄 고이 또이 라 영
수지라고 불러주세요.	씬 끄 고이 또이 라 수지
만나 뵙고 싶었습니다.	또이 다 몽 드억 갑 아잉
안녕하세요. 만나서 반갑습니다.	짜오 찌, 젓 부이 드억 갑 찌
어떻게 지냈습니까?	아잉 테 나오?
축하합니다!	쭉 믕 녜!
요즘 무엇 하세요?	자오 나이, 아잉 람 지 테?
요즘 건강은 어떻습니까?	자오 나이, 쓱 쾌 꾸어 아잉 테 나오?
무슨 좋은 일 있습니까?	꼬 쭈옌 지 부이 콩?
별일 없습니까?	콩 꼬 지 닥 비엣 쯔?
저는 건강합니다.	또이 쾌
몸이 안 좋았습니다.	쫑 응어이 또이 콩 드억 쾌
오래간만입니다.	러우 꾸어 조이 콩 갑
여기에는 어쩐 일이십니까?	아잉 꼬 비엑 지 어 더이?
여보세요?	아 로?
누구를 찾으십니까?	아잉 띰 아이 아?
콩씨 계십니까?	찌 콩 꼬 어 도 콩 아?

생 활 회 화

잠깐만 기다려주세요.	씬 더이 쪼 못 줏
저는 김삼수입니다.	또이, 김삼수 응예 더이
저는 박수지입니다.	또이, 박수지 응예 더이
전화를 기다리고 있습니다.	또이 당 더이 디엔 톼이
전화번호부가 있습니다.	꼬 쏘 자잉 바 디엔 톼이 콩?
가족들은 모두 안녕하세요?	까 쟈 딩 찌 번 쾌 쯔?
네, 모두 잘 지내고 있습니다.	벙, 떳 까 데우 쾌
부모님께서는 평안하세요?	보 메 아잉 번 마잉 쾌 쯔?
맹 씨가 안부 전해 달라고 합니다.	아잉 맹 그이 러이 호이 탐
오늘 이야기 즐거웠습니다.	부오이 노이 쭈옌 홈 나이 젓 부이
저도 만나서 반가웠습니다.	갑 찌 또이 꿍 젓 부이.
나중에 또 만나요.	헨 갑 라이 런 싸우 네.
네, 좋은 하루 보내세요.	벙, 쭉 못 응아이 똣 라잉
수고하세요.	짜오 아잉
앞으로 자주 만납시다.	뜨 나이, 쭝 따 트엉 쑤옌 갑 냐우 네
조심해서 가세요.	디 껀 턴 녜
먼저 들어가겠습니다.	또이 디 쯔억 더이
안녕, 내일 만나요.	땀 비엣, 응아이 마이 갑 라이 네
잠시 후에 만나요.	랏 느어 갑 라이 네
또 만납시다.	헨 갑 라이 녜

생활회화	
모두 잘 있습니다.	모이 쭈옌 똣 뎁 녜
잘 지내세요.	쾌 녜
여행 잘 하세요.	디 주 릭 부이 베 녜
계속 연락해요.	지으 리엔 락 트엉 쑤옌 녜
네, 제가 곧 다시 연락드립니다.	벙, 또이 쎄 썸 리엔 헤 라이
이메일로 연락주세요.	하이 그이 email 쪼 또이 녜
새해 복 많이 받으세요.	쭉 믕 남 머이
당신도요.	아잉 꿍 테 녜
실례합니다.	씬 로이
네, 무엇을 도와드릴까요?	벙, 쭝 또이 꼬 테 쥽 지 아?
이것 좀 해 주세요.	하이 람 쥽 또이 까이 나이
저를 좀 도와주세요.	씬 하이 쥽 또이 못 쫏
부탁합니다.	씬 녀 아잉
미안해요. 지금 좀 바쁩니다.	씬 로이 버이 져 또이 허이 번
잠깐 시간 좀 내 주세요.	씬 하이 쟈잉 쪼 또이 못 쫏 터이 쟌
한 번 더 부탁합니다.	또이 씬 녀 못 런 느어
개인적인 부탁이 있습니다.	또이 꼬 디에우 녀 바 까 년
축하합니다.	쭉 믕
생일 축하합니다.	쭉 믕 씽 녓
참 잘하십니다.	젓 죠이 더이

생 활 회 화

한국말 잘하십니다.	노이 띠엥 한 죠이 테
와 주셔서 감사합니다.	깜 언 아잉 다 덴
수고 많으셨습니다.	아잉 벗 바 꾸어
도움을 드릴 수 있어서 기쁩니다.	젓 부이 비 다 꼬 테 즙 아잉
선물 고맙습니다.	깜 언 몬 꾸어
제 실수에 대해서 사과드립니다.	또이 씬 로이 베 쓰 싸이 쏫 꾸어 밍
늦어서 죄송합니다.	씬 로이 비 무온
걱정을 끼쳐서 죄송합니다.	씬 트 로이 비 다 키엔 아잉 로 랑
앞으로는 더 주의하겠습니다.	뜨 나이 또이 쎄 쭈 이 껀 턴 헌
괜찮습니다.	콩 싸오
먼저 하세요.	람 쯔억 디
중국 사람인가요?	아잉 라 응어이 쭝 꾸옥 파이 콩?
아니요, 한국 사람입니다.	콩, 또이 라 응어이 한 꾸옥
몇 살입니까?	아잉 바오 니에우 뚜오이 아?
저는 올해 서른 살입니다.	남 나이, 또이 바 므어이 뚜오이
무슨 일을 하십니까?	아잉 람 비엑 지?
저는 회사원입니다.	또이 라 년 비엔 꽁 띠
취미가 무엇입니까?	써 틱 꾸어 아잉 라 지?
사진을 찍습니다.	쭙 아잉
가족은 어떻게 되십니까?	쟈 딩 아잉 테 나오?

생 활 회 화

고향이 어디입니까?	꿰 흐엉 아잉 어 더우?
생일이 언제입니까?	키 나오 라 싱 녓 아잉?
나이에 비해 어려 보입니다.	쫑 쩨 헌 쏘 버이 뚜오이
기분 전환을 위해 무엇을 하십니까?	아잉 람 지 데 타이 도이 떰 짱
어떤 음악 좋아하십니까?	아잉 틱 엄 낙 지?
좋아하는 가수가 누구입니까?	아잉 틱 까 씨 나오?
운동을 좋아합니까?	아잉 꼬 틱 테 타오 콩?
종교가 있습니까?	아잉 꼬 테오 똔 쟈오 나오 콩?
결혼했습니까?	아잉 다 럽 쟈 딩 쯔어?
저기요.	나이
네, 무슨 일이십니까?	자, 꼬 쭈옌 지 아?
줄을 서 주세요.	하이 쌉 타잉 항 디
죄송합니다.	씬 로이
잠깐만요.	더이 쫏
조용히 하세요.	하이 쩻 뜨
서두르세요.	마우 렌
잠시 쉬었다가 가세요.	응이 못 쫏 조이 하이 디
안으로 들어오세요.	머이 디 바오 쫑
몇 시에 문을 열어요?	머 끄어 룩 머이 져?
아침 열 시에 열어요.	머 끄어 룩 므어이 져 쌍

생 활 회 화

몇 시에 문을 닫습니까?	동 끄어 룩 머이 져?
저녁 여덟 시에 닫아요.	동 끄어 룩 땀 져 또이
질문 있어요?	꼬 꺼우 호이 콩?
이건 무엇입니까?	까이 나이 라 까이 지?
화장실은 어디입니까?	냐 베 씽 어 더우?
다시 말씀해 주세요.	씬 하이 노이 라이
전화번호가 어떻게 됩니까?	쏘 디엔 톼이 테 나오 아?
지금 몇 시입니까?	버이 져 라 머이 져?
오후 한 시 십오 분입니다.	라 못 져 므어이 람 풋 찌에우
몇 시에 갈까요?	머이 져 디 니?
열 시 십오 분 전에 오세요.	하이 덴 쯔억 므어이 져 므어이 람 풋
그럼 몇 시에 다시 올까요?	테 티 머이 져 라이 덴 아?
사파는 꼭 가보세요.	찌 녀 넨 디 싸빠
관광 안내소가 어디입니까?	꾸아이 흐엉 전 주 릭 어 더우?
무료 지도가 있습니까?	꼬 반 도 미엔 피 콩?
입장료는 얼마입니까?	베 바오 끄어 바오 니에우 띠엔?
호텔에서 마중해 주시겠습니까?	돈 또이 어 카익 싼 드억 콩?
관광 여행 프로그램이 있습니까?	꼬 쯔엉 찡 뚜어 탐 꾸안 콩?
한국어 안내원이 있습니까?	꼬 흐엉 전 비엔 띠엥 한 꾸옥 콩?
근처에 구경할 만한 장소가 있습니까?	건 더이 꼬 쪼 당 데 응암 쎔 콩?

생 활 회 화

관광할 만한 다른 곳은 없습니까?	꼬 쪼 칵 당 탐 꾸안 콩?
이 고장 특산물은 무엇입니까?	닥 싼 붕 꿰 나이 라 까이 지?
어떤 것이 가장 인기가 있습니까?	까이 지 드억 예우 떡 넛?
휴관일이 언제입니까?	응아이 응이 콩 람 비엑 라 키 나오?
입장료는 얼마입니까?	베 바오 끄어 바오 니에우 띠엔?
어른 둘, 아이 하나입니다.	응어이 런 하이 쩨 엠 못
한 사람당 얼마입니까?	모이 응어이 바오 니에우 띠엔?
학생 할인이 됩니까?	혹 싱 꼬 드억 쟘 쟈 콩?
몇 시에 떠납니까?	머이 져 쑤엇 팟?
열 시에 떠납니다.	쑤엇 팟 룩 므어이 져
한 시간 걸립니다.	멋 못 띠엥 동 호
미리 준비해야 할 것이 있습니까?	꼬 지 파이 쭈언 비 쯔억 콩?
너무 재미있었습니다.	투 비 람
오늘 사람들이 참 많습니다.	홈 나이 동 응어이 꾸어
근처에 무료 화장실이 있습니까?	건 더이 꼬 냐 베 씽 미엔 피 콩?
저를 따라오세요.	디 테오 또이
너무 가까이 가지 마세요.	등 디 덴 건 꾸어
누구 바꿔 드릴까요?	또이 쭈옌 마이 쪼 아이 드억 아?
어디로 연결해 드릴까요?	노이 마이 덴 더우 아?
전화 거신 분은 누구십니까?	아이 어 더우 져이 더이 아?

생 활 회 화

전화 받으시는 분은 누구십니까?	아이 당 응예 디엔 톼이 더이 아?
롱 씨 좀 바꾸어 주세요.	람 언 쭈옌 마이 쪼 또이 갑 아잉 롱
무슨 일로 전화했습니까?	엠 고이 디엔 꼬 비엑 지 아?
여보세요. 저는 김철수입니다.	아 로. 또이, 김철수 응예 더이
여보세요. 저는 이영희입니다.	아 로. 또이, 이영희 응예 더이
전화를 끊지 말고 잠시 기다리세요.	등 응앗 마이, 씬 더이 못 쯧
3번 전화 받으세요.	하이 응예 마이 쏘 바
당신에게 온 전화입니다.	디엔 톼이 꾸어 찌 더이
여기 다친 사람이 있습니까?	어 더이 꼬 응어이 비 트엉?
구급차를 불러 주세요.	하이 고이 쎄 껍 끄우 즙
무슨 일입니까?	꼬 쭈옌 지 테?
제가 할 수 있습니다.	또이 람 드억
여기 의사나 간호사 있습니까?	어 더이 꼬 박 씨 하이 이 따 콩?
응급 전화번호는 115입니다.	쏘 디엔 톼이 껍 끄우 라 못 못 남
머리를 받쳐주세요.	하이 께 더우 렌
이 근처에 병원이 있습니까?	어 건 더이 꼬 베잉 비엔 콩?
움직일 수가 없습니다.	콩 테 디 쭈옌
의식을 잃고 쓰러졌습니다.	비 응엇 씨우 바 응아 벗 자
칼에 찔렸습니다.	비 자오 덤
차에 치였습니다.	비 쎄 오 또 덤

생활회화

다리가 부러진 것 같습니다.	힝 뉴 비 가이 쩐
피를 흘리고 있습니다.	마우 당 짜이
네, 감사합니다.	아, 깜 언
없어진 것이 있습니까?	아잉 꼬 비 멋 까이 지 콩?
아니요, 감사합니다.	콩, 깜 언
사람 살려! 살려주세요!	끄우 버이! 끄우 또이 버이!
도와주세요!	쥽 또이 버이!
경찰을 불러주세요.	하이 고이 꽁 안 쥽 또이
분실물 취급소는 어디에 있습니까?	반 퐁 꾸안 리 도 텃 락 어 더우 아?
혹시 제 가방 못 보셨습니까?	꼬 터이 까이 바 로 꾸어 또이 콩?
아니요, 잘 찾아보았습니까?	콩. 다 트 띰 끼 쯔어?
네, 찾아봤는데 없습니다.	벙, 또이 다 띰 늉 콩 터이
기억이 안 나요.	또이 콩 녀
다시 한 번 잘 찾아보세요.	트 띰 끼 라이 런 느어 디
어디에 두었는지 잊어버렸습니다.	또이 꿴 멋 콩 비엣 다 데 어 더우
아무리 찾아도 없습니다.	띰 테 나오 꿍 콩 터이
분실물 취급소는 어디에 있습니까?	반 퐁 꾸안 리 도 텃 락 어 더우 아?
유실물 센터는 어디입니까?	쭝 떰 꾸안 리 도 텃 락 어 더우 아?
경찰서가 어디입니까?	돈 꽁 안 어 더우 아?
도와주세요.	씬 하이 쥽 또이!

생 활 회 화

가방을 잃어버렸습니다.	또이 비 멋 뚜이 싸익
언제, 어디서 잃어버렸습니까?	찌 비 멋 어 더우? 키 나오?
버스에 가방을 두고 내렸습니다.	또이 보 꿴 뚜이 싸익 어 쩬 쎄 뷧
가방에 중요한 것이 있습니까?	쫑 뚜이 싸익 꼬 도 꾸안 쫑 콩?
여기 사고 신고서를 작성해 주세요.	하이 비엣 던 찡 바오 쓰 비엑.
곧 연락해 드리겠습니다.	쭝 또이 쎄 리엔 헤 썸
저는 월요일까지 머무릅니다.	또이 찌 꼰 어 덴 응아이 트 하이.
꼭 연락해 주세요.	녀 리엔 락 라이 버이 또이 녜
도난 신고를 하고 싶습니다.	또이 무온 찡 바오 멋 깝
제 지갑을 소매치기 당했습니다.	또이 비 목 뚜이 멋 비
카드 번호는 적어 두지 않았습니다.	또이 콩 기 라이 쏘 테
여권 번호가 기억나지 않습니다.	또이 콩 녀 쏘 호 찌에우
제 차가 없어졌습니다.	쎄 꾸어 또이 비 멋 조이
강도야!	끄업!
도와주세요!	쥽 또이 버이!
누구 없습니까?	꼬 아이 어 더이 콩?
도둑이야!	쫌!
경찰을 불러주세요.	하이 고이 꽁 안 쥽 또이
무엇을 도와드릴까요?	또이 꼬 테 쥽 지 아?
강도가 든 것 같습니다.	힝 뉴 꼬 께 끄업 바오 냐

생활회화

주소가 어떻게 되십니까?	디어 찌 테 나오 아?
빨리 와 주세요.	하이 덴 냐잉 렌
누구를 찾으십니까?	아잉 띰 아이 아?
가능한 한 신속히 전화하겠습니다.	또이 쎄 고이 디엔 썸 녓 키 꼬 테
전화 주셔서 감사합니다.	깜 언 찌 다 고이 디엔 쪼 또이
전화 못 받아서 죄송합니다.	씬 로이 비 콩 응예 드억 디엔 톼이
계속 통화 중입니다,	마이 당 번 리엔 뚝
그럼, 좀 있다가 전화해 보세요.	테 티 랏 느어 고이 버이
나중에 걸겠습니다.	또이 쎄 고이 라이 싸우
전하실 말씀이 있으십니까?	꼬 디에우 지 냔 라이 콩 아?
다시 걸어 주시겠어요?	아잉 고이 라이 드억 콩 아?
오늘 안 나오셨습니까?	홈 나이 콩 덴 아?
곧 돌아오십니까?	꼬 꾸아이 라이 응아이 콩 아?
언제 돌아오는지 아십니까?	꼬 비엣 키 나오 꾸아이 라이 콩 아?
메시지를 남기겠습니다.	또 쎄 데 라이 러이 냔
말씀 좀 전해주세요.	하이 쭈옌 러이 줍 또이
급한 일이라고 전해주세요.	하이 냔 줍 장 꼬 비엑 겁
화 씨가 전화했습니다.	꼬 화 다 고이 디엔 덴
그분을 바꿔 드리겠습니다.	또이 쎄 쭈옌 마이 쪼 응어이 도 녜
전화했습니까?	엠 다 고이 디엔 아?

생 활 회 화	
잘 안 들립니다.	콩 응예 조
혼선되었나 봅니다.	짝 라 비 쩝 저이
연결 상태가 안 좋습니다.	띵 쨩 껫 노이 콩 똣 람.
다시 전화하겠습니다.	또이 고이 라이 녜
어떻게 오셨습니까?	꼬 비엑 지 테?
집을 찾고 있습니다.	또이 당 띰 냐
원룸을 구하고 있습니다.	또이 당 띰 퉤 퐁 켑 낀
지하철역 근처에 집이 있습니까?	꼬 냐 어 건 따우 디엔 응엄 콩?
지금 집을 볼 수 있습니까?	버이 져 꼬 테 쎈 냐 드억 콩?
집이 낡았습니다.	냐 꾸 꾸어
언제 입주할 수 있습니까?	키 나오 존 덴 드억 아?
이 집으로 계약하겠습니다.	또이 쎄 헙 동 냐 나이
둘러보세요.	하이 디 쎔 꾸아잉
침실은 어디입니까?	퐁 응우 어 더우 아?
여기입니다.	더이 아
방이 몇 개입니까?	냐 꼬 머이 퐁 아?
집이 깨끗합니다.	녀 싸익 쎄 더이
차에서 이상한 소리가 납니다.	어 쎄 꼬 팟 자 띠엥 라
점검해 보겠습니다.	또이 쎄 끼엠 쨔 아
점검비용은 얼마입니까?	피 끼엠 쨔 라 바오 니에우?

하노이지역

주요기관
대사관	024-3831-5111
한인회	024-3555-3015
대한상공회의소	04-3771-3719
한국관광공사	024-3556-4040
한국문화원	024-3944-5980
산업인력공단	024-3773-7273
KOICA	024-3831-6911
KOTRA	024-3946-0511

금융 / 은행 / 보험
국민은행	024-3771-4952
기업은행	024-2220-9001
부산은행	024-3232-1736
삼성화재	024-3942-5251
신한은행	024-3831-5130
우리은행	024-3831-5289
한국수출입은행	024-3771-7009

종교
박닌비전교회	012-0358-8129
생명나무교회	024-3556-1200
세계로한인교회	016-3401-5712
베델교회	093-475-7210
사랑의교회	024-3787-0831
한인교회	024-3744-0009
한인성당	090-468-2300

병원
프랑스병원	024-3577-1100
베·한치과	04-6293-0350
페밀리메디컬	024-3845-0748
킴스클리닉	024-6128-1041
한·베친선병원	024-3843-7231

교육 / 학원
경남음악학원	098-515-5653
국제아카데미	024-3787-6182
매너미술학원	090-623-0127
샬롬유치원	024-3744-0004
영어국제학교	0162-728-2700
프랑스국제학교	024-3843-6779
삼성학원	024-37878-557
우리유치원	096-621-7952
중앙유치원	024-3787-6194
한국국제학교	024-7901-5338
한인어린이합창단	012-7795-0230
화랑태권도	098-308-6762
명문학원	024-3766-8916
123Vietnamese	024-3795-9475
ACADEMY-K	090-625-6845
ECC ACADEMY	070-625-6845
ECC어학원	024-6281-2817
HIS	024-3832-7379
Hi-Star 유치원	012-5251-8575
UNIS	024-3758-1551

떡집
꽃떡공방	094-114-6384
낙원떡집	024-3555-8138
명가떡집	090-4100-736

건설 / 자재			
국보비나	093-333-6400	하나인더스	024-3951-8524
남광토건	024-2220-8214	한국산업기계	024-6281-0400
대림화학	0222-389-6672	한국타워크레인	091-984-3538
대한버티미	012-9977-0393	현대건설 RNC	024-3553-7123
대한강재	012-4824-4718	한라조경	024-3783-4742
도도	024-2216-8776	한중비나	024-6662-9017
동국비나건설	024-3787-8621	한창E&C	090-402-6844
동명종합건설	024-7305-2336	해오름건설	024-6327-5956
동아E&C	016-8611-6565	AIC(에폭시)	090-789-0506
동양E&C	024-6273-3331	CS ENG TECH	024-6280-8333
동일고무벨트	024-3557-7362	DY비나	024-3556-1276
두원EFC	024-3787-6283	H&S종합건설	0945-884-247
리프텍베트남	024-3556-3786	JS건설	024-6251-0627
범미비나(방수)	024-3787-8952	IS국렌탈	024-6282-3031
석우종합건설	024-3787-7510	IS한국렌탈	024-6282-3031
안산비나(조경)	012-4367-1945	Korea Tech	012-8914-7139
연암건설	024-2225-0938	K-auto	012-2727-4327
영동건설비나	024-3636-9870	LED조명·신호등	0962-305-111
우경건설	024-3200-5489	MIT건설	090-487-0271
우석디앤디	024-3787-8477	M.D.A E&C	024-3795-8258
아이커머	024-3212-3851	M.T.G	024-3795-7380
에스와이패널	024-3787-8717	ROSA비나	024-6281-0024
제일안전	024-3553-7916	SG세이프가드	024-3565-6776
제일판넬	012-6911-0245	TNTC	096-119-0180
청송E.N.G	012-1320-3838	도어 - 알류미늄	
태산건설	024-3795-1123	용성도어	091-362-5477
포스코건설	024-3936-4951	우정기업	024-2232-6666
		KOS VINA	0933-564-991
프라임건설	024-3787-7146	M.T.G판넬,창호	024-3795-8258

금고	
건가드금고	024-3513-0165

기계 / 설비 / 공조	
대성하이텍	0222-3734-412
비나금강씨엔텍	024-3525-0957
비나센추리	024-3555-3646
비나아론	024-3785-8672
정도비나	024-3787-7900
청송E.N.G	024-3785-6751
화성(공조설비)	090-965-1270
NWC설계/시공	024-3557-7232
S&H비나센추리	093-215-0553

광고 / 홍보업체	
에이레네	012-6249-2844
자부심디자인	093-553-1675

노래방 / 가요주점	
갤럭시가라오케	024-3785-8595
다이아몬드	024-6292-2639
라운지달	016-996-1188
부산노래방	024-3773-7573
서울노래방	024-7304-5699
아리수노래방	098-268-7958
라운지해	016-996-1188

스포츠 / PC방 / 기타편의 시설	
놀러와멀티파크	098-783-8621
북카페AIM	024-3766-6417
빅뱅뮤직카페	016-6957-2611
사이버넷 PC방	024-3994-8297
한솔치킨	091-536-2484

렌트카	
가나렌트카	0944-222-790
넘버원렌트카	016-8634-5963
미래렌트카	016-6957-2611
신짜오렌트카	098-131-7000
신짜오ervice	012-2727-4327
코리남렌트카	016-9963-1994
DAIBA렌트카	021-3787-8686
HOUSING&CAR	090-236-2333
KV렌트카	098-618-9700
IS한국렌탈	024-6282-3031
INTER WAY	0916-169-792

미용실 / 화장품 / 마사지	
뉴서울	024-3556-6792
몰리헤어살롱	024-2210-8844
비너스발마사지	024-6327-8563
아리랑발마사지	024-3555-8627
최지은헤어살롱	024-6660-8676
박지윤뷰티살롱	016-9854-6695
킹마사지	016-8471-5933
하노이마사지	024-3996-2233
M&J	024-3279-7070
VKO발마사지	024-2218-0810

발전기 / 보일러 / 콤프레샤	
경원콤프레샤	024-6296-4039
두산발전기	024-3394-2554
대열보일러	024-3206-2888
유진콤퓨레샤	024-3672-0767
콤프코리아	0222-379-4721

부동산 / 컨설팅	
대성DNC비나	024-3200-3970
드림부동산	012-2222-8879
미소부동산	024-6297-0011
명동부동산	024-3200-6310
베스트부동산	012-3665-3544
송희부동산	024-6671-9594
스마일하우징	024-6269-4899
이룸부동산	024-3787-8459
우리부동산	024-3787-8482
주연이부동산	096-573-2386
쭝화부동산	024-3783-5021
프라임컨설팅	090-453-5815
현대부동산	024-3998-2228
H&G부동산	024-3787-6125
V부동산	024-3787-6150
VK부동산	024-3556-7422
Viko Housing	024-3787-5775
Viet Long부동산	024-3718-5203

비자업무 대행	
국제(비자)	012-3566-0233
바로비자	096-779-3431
비자(VISA)	097-526-7070
비자서비스	012-7461-6490
온라인비자	091-880-2047

선물용품 / 패션	
가가귀국선물	024-3555-3887
골드로터스	0124-253-9991
하노이아울렛	024-3555-3885

유통	
락앤락	024-3794-0496
미림유통	0321-3986-500
에네스티화장품	024-2211-8822
팔도라면	024-6269-8812
피아노판매	098-515-5653

인터넷 / 컴퓨터 / IT	
㈜글로벌스타	090-711-6420
비젠트로	04-6282-2997
산하정보기술	024-3795-9474
세이컴퓨터	098-341-0700
송한CCTV	04-3928-8101
프로컴퓨터	096-935-0613
SS미디어시스템	093-534-0825
VK IPTV	090-997-1230

식품 / 생수 / 슈퍼	
골드생수	091-3456-8282
김밥산들채	098-731-1234
그린푸드	096-756-2322
동양농수산	024-3520-2339
롯데아이시스	090-627-1233
이화식품	024-3771-2206
웅진코웨이	091-485-8081
진로&국순당	094-962-1000
청정원마트	024-3783-3424
청지기마을	0168-376-9890
채씨정수기	093-724-3774
프러스마트	024-9783-5954
하나로마트	024-6266-1612

식당

상호	전화번호	상호	전화번호
가마솥	024-2242-8425	뚱딴지	024-3787-8957
가람	0127-263-2815	뜨락	024-3787-3646
거시기	024-6281-5562	모이세	012-8912-3360
고궁	0254-3762-4331	목우촌	012-1515-0202
고래	016-3916-6184	모래내갈비	024-3783-6073
고주몽	024-6282-3038	목향	024-3556-9548
고향집	0165-822-0563	미트플러스	024-6251-1248
교동쭈꾸미	090-328-5086	명동관	0164-612-1348
꽁시꽁시	024-6650-8489	바삭(BARSAK)	024-36765-666
꽃돼지미딩점	024-6650-8383	백정	024-3755-8888
꽃돼지숯불구이	024-6297-8383	복나라	090-2545-080
꽃족발 미딩점	024-2210-8383	북경	024-2785-3984
강남면옥	024-3999-9456	봉추찜닭	024-6680-1423
경복궁	097-295-5525	비원	024-6282-3300
김밥천국	024-2242-6682	사랑채	024-6295-8822
김삿갓	024-3556-9885	서라벌	024-3783-2000
김치(조개구이)	024-3792-5285	소담	0124-976-9436
귀빈 VIP	024-3772-1788	소풍	090-620-4587
금천옥	024-6251-1102	쏘달	090-620-4587
까시(대구요리)	090-484-5769	삼원가든	035-6680-1122
남원골	0166-271-1818	쌈꾼	0169-333-0929
노블모멘트	093-458-8181	쌍둥이해장국	024-3225-2484
놀러와 치킨	016-5699-3124	THE서민구이	016-7233-8527
다기야	024-3555-3124	석산정	024-6262-1144
다인정	012-8409-8667	식객	024-6282-2998
대장금	024-3556-5854	신정	024-3227-2929
돈쿡	024-3200-6833	스마일식당	097-219-5311
등촌칼국수	024-3771-0942	소요포차	024-3226-2484
		쏘달	093-631-7265

세탁소 / 청소 / 방역	
숲속에아이들	016-2933-1588
VESCO	012-8888-0582

자동차	
Apollo Vina	0226-358-3525
Good Lop	016-6443-7103
K-auto	012-2727-4327

전당포	
행운전당포	096-727-3718

카지노	
Chalieone Club	0121-301-2849
Macao Club	024-3763-777
STAR DUST	024-3934-6488
Vegas Plaza	024-7300-3000

투자업체	
나우통상	024-3514-3777
대신네트웍스	024-3831-5286
대우인터내셔널	024-3858-5962
대하비즈니스	024-3834-5837
미원베트남	024-3768-0216
비코글로벌	024-3827-6490
신한무역	024-3556-7424
㈜애드비나	024-3835-8360
에이스텍스	024-3521-0363
오리온하노이	024-3827-4587
㈜정민통상	0240-3852-248
㈜풍신	024-3831-5210
㈜한강	024-3726-1227
후지제록스	024-3824-1063

하숙 / 게스트 하우스	
고향하숙	016-5822-0563
렌트하우스	0166-956-4471
박닌하숙	0222-4000-228
썬웨이	0122-903-0320
안방	016-9273-8275
M Hotel	089-847-8733
한국하숙	090-410-0736

항공사 / 여행사	
다이밍여행사	024-3562-3777
대한항공	024-3771-3217
리멤버투어	024-3929-2588
베트남항공	024-3822-0320
아시아나항공	024-3771-4094
우리항공여행사	04-2229-6668
하노이투어	096-375-0801
비전투어	093-508-2402

호텔	
나무호텔	024-6681-6574
대우하노이	024-3831-5000
로코코호텔	024-3224-2517
멜리아	024-3934-3343
바오썬	024-3835-3536
박닌호텔	0222-6261-803
비즈니스	024-3786-8314
브랜디호텔	024-3795-9788
브랜디2호텔	024-3783-1555
중화호텔	024-3555-3301
코아비니스	024-6254-0105

다낭지역

식당 (한식)	
고향집	0965-132-311
낙원	0236-3530-179
다낭수끼	0236-3522-009
다낭회식당	0902-163-962
동해	0905-534-155
만나	012-8590-3778
박가네	016-9436-5903
방구네	0905-762-003
배베식당	016-5759-5104
사랑채	0904-368-930
산해진미	0903-445-817
삼원	0941-301-300
심향	0236-392-5854
싸다구이	012-5657-0958
아리랑	0902-842-700
원짜장	0236-392-2886
청당식당	0236-381-2768
팃	0236-391-8308
한강식당	0236-391-7468
한국가든	0236-393-8385
한국관	0236-394-3261
한쿡	0236-3531-318
혜복	0944-710-909
Haiyan	0905-728-991

식당 (베트남 / 서양 / 일식)	
Burger Bros	0945-576-240
Dasushi(일식)	0236-3566-079
Le Bambino	0236-3896-386
Limoncello	0236-3896-386
Luna Pub	0236-3898-939
껌니우에까봉	0236-3655-599
동양	0236-3888-689
러우&느엉응우옌	0236-361-3453
마담란(베트남식)	0905-691-555
미꽝바뭐	0985-000-075
반새오비즈엉	0521-387-3168
베만(해산물)	0905-207-848
쩐(월남쌈)	0236-3752-779
쭉럼비엔	0236-384-9969
퉁피(해산물)	0934-542-233
피루식당	0236-3823-772
흥응억닭고기밥	0236-832-1241
Hilly's Catering	0935-095-608
Hoghigami(일식)	0905-067-118
Banjiro(일식)	0236-3849-880
Epice(일식)	0236-3958-888
Fukuoka(일식)	0236-3918-888
Gogyo(일식)	0236-3920-823
Irohanihoheto	0236-3822-023
Kita Kuni(일식)	0236-3562-435
Maten(일식)	0968-517-823
Sakura Cafe	0236-352-5511
SumoBBQ(일식)	0236-3525-725
SUSHI-Be	0236-3987-990
Koi(일식)	0120-761-1777

호치민지역

주요 공기관 / 단체 안내	
총영사관	3822-5757
대한노인회	0126-435-4337
한인회여성회	093-206-5220
월드옥타	012-2890-8181
Kotra	3822-3944
한국무역협회	3822-4976
중소기업중앙회	028-3620-8184
아름다운 세상	5410-0286

교육	
호치민한국문화원	3920-1273
코참한국어교실	093-668-0133
한국국제학교	5417-9021
한국어교육원	3920-1274

학원 / 기타 교육기관	
가나다어학당	3932-0868
기린예술학원	5412-0220
김치어학당	0926-001-007
교원	028-5412-5312
꿈나무유치원	5412-2079
대치	5412-3884
드림유치원	5412-5423
메디테이션	093-410-4297
명문수학	090-532-6764
모차르트기사	5410-5849
몬테소리유치원	5412-4772
바이올렛미술	093-524-9653
베델유치원	093-142-4374
비전유치원	012-1591-6935
사랑유치원	028-5412-4850
사이공한글학교	6297-2404
새누리음악학원	5412-0708
세한아카데미	028-5412-0850
성악피아노	5412-4715
세종학당(호치민)	3910-1027
소리엘	090-884-1240
업그레이드학원	6676-7658
에이스학원	093-520-5031
엔젤유치원	090-280-9892
엘리스아카데미	3514-7297
열린유치원	3811-5793
위드베베	5412-1009
영희아뜨리에	5410-0800
우리한국어교육원	6260-8002
은혜음악학원	5410-0476
지젤무용학원	5417-3338
크레파스	094-997-2463
탑클래스	5412-3778
당화방	096-269-6253
피아노친구	3811-9621
한국아카데미	5412-1406
한글사랑	3811-6641
한베유학원	028-5449-0056
한우리유아학교	5412-5050
한인유치원	5412-0400
해법수학원	090-514-0061

종교	
능력교회	093-755-7161
들꽃교회	093-518-7384
베델교회	093-475-5420
경향교회	093-659-6094
사랑의교회	090-8282-542
순복음교회	5412-3927
하늘비전교회	090-460-8445
한인감리교회	090-382-4031
한인교회	093-187-0291
드림교회	5410-0524
사이공교회	012-0322-3844
시민교회	016-5267-4164
땅끝한인교회	5410-4140
하늘꿈교회	5412-3965
한인샘터교회	090-259-7958
중앙교회	090-860-9844
제일교회	012-6530-7000
대한정사	3993-4113

당구장	
스카이당구장	016-3886-1645
푸미흔당구장	5410-1851
흥붕당구장	3603-0334

마사지	
강남마사지	3811-4824
녹안발마사지	5410-3032
라이프마사지	028-5410-4646
드림마사지	5410-4057
라보떼	3930-8398
로즈발마사지	6299-0530
모란마사지	094-541-7930
뷰티영마사지	5410-6397
스카이마사지	6274-0082
올레마사지	6679-7773
패밀리마사지	012-0882-0540
한스앤코	5410-0583

마사지 / 스파 / 미용	
Ba Na마사지	0966-219-112
Ruby마사지	0986-226-412
다낭발마사지	0905-823-602
비치파라다이스	0511-394-4343
약손마사지	091-425-4140
청담마사지	0935-394-403
한강마사지	0126-5282-000
아지트	0905-672-054

목욕탕 / 스파	
럭키스파	0939-188-699
목흥스파	090-6600-285
에스파	0915-088-178

미용 / 스킨케어 / 네일	
뉴스킨케어	5410-0711
뉴아트	5241-0404
댕기머리	090-3131-300
더네일	093-414-2275
라보떼	3930-8398
미가람	090-843-6533
메종미키오	5412-4773
반영구화장	090-696-7100

새하미용실	5410-6927	**약국**	
서울미용센터	016-3408-0450	이화약국	090-648-5236
세리헤어	5410-2608	한국약국	3991-8622
수헤어	5412-4507	**안경**	
썬스킨케어	090-810-1822	보이네안경	091-639-5243
안네일	094-506-5254	스카이안경원	091-994-1001
유리	3603-1634	002 안경점	5412-4912
클린업스킨케어	6678-6900	**베이커리**	
한스앤코스	5410-0583	뚜레쥬르	028-5410-4919
헤라스튜디오	6678-6900	파리바게트	028-5410-6354
헤어스토리	5410-0643	한국빵집	5410-0640
법무, 회계법인 / 비자		ACELINE	028-5410-7261
법무법인광장	016-9380-6699	**식당**	
법무법인율촌	028-3911-0225	가마골	3829-4833
법무법인K&P	3821-6013	강남家	3933-3589
법무법인P&P	3823-5895	갈비지존	093-869-5762
S&S회계법인	3910-4996	고수참치	012-8610-6509
이정회계법인	3824-4770	광화문	3822-5226
정일회계법인	3820-5349	대박고기	028-2253-1178
한빛투자자문	093-797-0966	대어(일식)	3939-0394
LOGOS법무법인	3822-7161	대장금	3825-7974
PESTAR	090-991-1236	드마리스뷔페	1900-0029
AM산회계법인	090-613-6161	미스터비비큐	0122-611-4011
RESTAR	090-991-1236	명가	3823-3184
Sirius	097-934-3311	봄닭	6650-9292
저스티스로펌	3991-4688	소백산	3920-8562
번역 / 각종 서류대행		아리랑	090-333-6572
BEAT(번역)	090-339-1004	압구정	6268-1000
한매행정사	012-8206-1344	엉클박	012-0317-1248

예가	3824-8596	**여행사**	
제주식당	093-765-3428	굿모닝골프투어	012-2711-9900
진순대	6291-9227	리멤버투어	3920-3200
청해진	3829-5588	세기여행사	5412-1001
최고집	098-210-7770	스카이여행사	0123-666-9000
한강	3822-6172	윈윈투어	5412-3995
한누리	3829-4855	우리여행사	090-3323-213
휴소주라운지	028-3823-4962	으뜸문화항공	6291-5556
황금돼지	090-797-8800	포커스투어	094-770-2580
구구치킨	090-153-7099	한국여행사	012-8206-1344
까페 빈	012-6481-9266	한나투어	2240-7513
계동치킨	5410-4040	한빛여행사	093-797-0966
누룽지군닭	093-8332-550	한투어	028-5411-8000
더치카페	012-8466-3586	ICC여행사	0933-171-402
닭발싸롱	5410-6100	IRT여행사	090-933-1004
러브미텐더	5410-1937	**은행 / 증권 / 보험 / 금융**	
본스치킨	5412-9292	국민은행	3827-9000
설화	5410-1627	기업은행	3823-2660
스카이커피숍	028-5410-5222	대한생명보험	3914-9100
작품82(와인바)	5410-4920	마이쩐	3931-9779
짜오치킨	5410-4920	부산은행	028-7301-6200
조선바비큐	093-341-7098	산업은행캐피탈	3823-2788
투다리	0909-813-460	시티뱅크	3821-9358
코코스치킨	0903-302-995	스탠다드차타드	3910-9599
파파스치킨	5410-0454	삼성화재	3823-7812
한강호프	0909-645-367	우리은행	3821-9839
BOY FRIEND	094-574-0770	KEB하나은행	7305-1111
CAFE BRIDGE	028-2211-9951	한국산업은행	3823-2788
Happy Share	5410-6950	한화생명	3914-9100

Memo

베트남
관광 · 비즈니스

Ⅵ. 주요 도시 지도

하노이시내

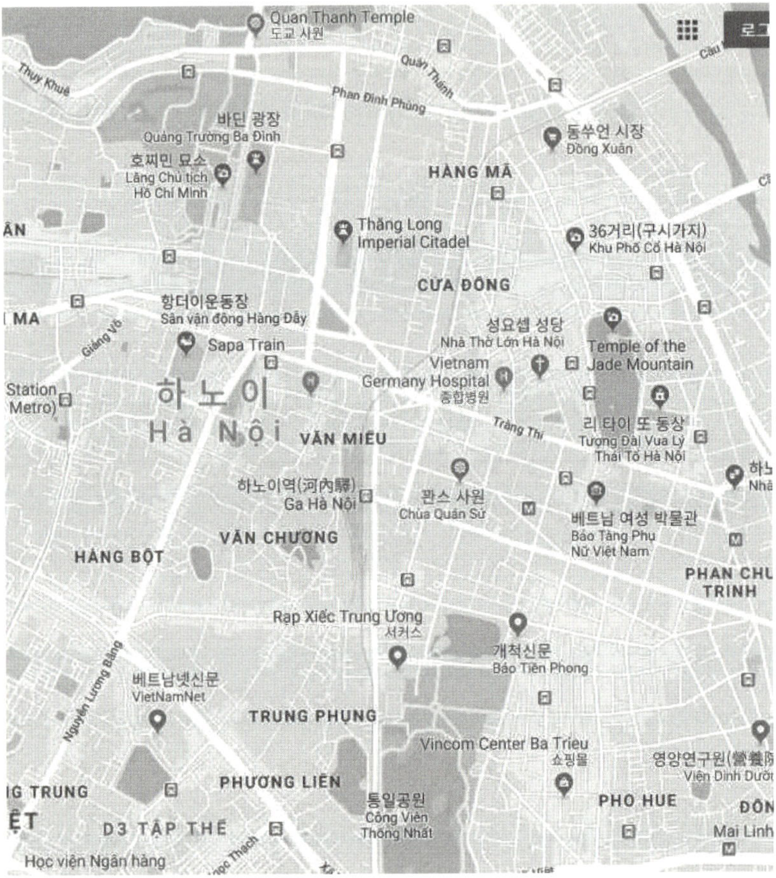

Quan Thanh Temple
도교 사원
Thụy Khuê
Quán Thánh
Phan Đình Phùng
바딘 광장
Quảng Trường Ba Đình
호찌민 묘소
Lăng Chủ tịch Hồ Chí Minh
동쑤언 시장
Đồng Xuân
HÀNG MÃ
Thăng Long Imperial Citadel
36거리(구시가지)
Khu Phố Cổ Hà Nội
CỬA ĐÔNG
항더이운동장
Sân vận động Hàng Đẫy
Giảng Võ
Sapa Train
성요셉 성당
Nhà Thờ Lớn Hà Nội
Temple of the Jade Mountain
Vietnam Germany Hospital
종합병원
Station Metro)
하노이
Hà Nội
VĂN MIẾU
Tràng Thi
리 타이 또 동상
Tượng Đài Vua Lý Thái Tổ Hà Nội
하노이역(河內驛)
Ga Hà Nội
꽌스 사원
Chùa Quán Sứ
베트남 여성 박물관
Bảo Tàng Phụ Nữ Việt Nam
VĂN CHƯƠNG
HÀNG BỘT
PHAN CHU TRINH
Rạp Xiếc Trung Ương
서커스
개척신문
Báo Tiền Phong
Nguyễn Lương Bằng
베트남넷신문
VietNamNet
TRUNG PHỤNG
Vincom Center Ba Trieu
쇼핑몰
PHƯƠNG LIÊN
통일공원
Công Viên Thống Nhất
PHO HUE
D3 TẬP THỂ
Học viện Ngân hàng
Mai Linh

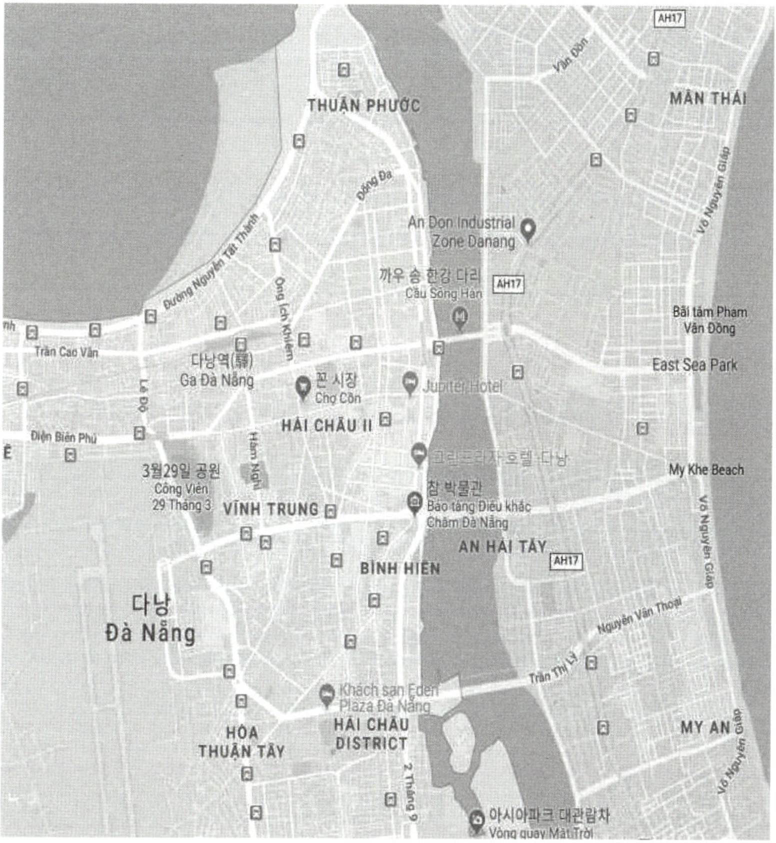

AH17
MÂN THÁI
Văn Đồn
THUẬN PHƯỚC
Đống Đa
Võ Nguyên Giáp
An Đồn Industrial Zone Danang
Đường Nguyễn Tất Thành
Ông Ích Khiêm
까우 송 한강 다리
Cầu Sông Hàn
AH17
Bãi tắm Phạm Văn Đồng
Trần Cao Vân
다낭역(驛)
Ga Đà Nẵng
East Sea Park
Lê Độ
꼰 시장
Chợ Cồn
Jupiter Hotel
HẢI CHÂU II
Điện Biên Phủ
Hàm Nghi
My Khe Beach
3월29일 공원
Công Viên 29 Tháng 3
VĨNH TRUNG
참 박물관
Bảo tàng Điêu khắc Chăm Đà Nẵng
Võ Nguyên Giáp
AN HẢI TÂY
AH17
BÌNH HIÊN
다낭
Đà Nẵng
Nguyễn Văn Thoại
Trần Thị Lý
Khách sạn Eden Plaza Đà Nẵng
HÒA THUẬN TÂY
HẢI CHÂU DISTRICT
MỸ AN
Võ Nguyên Giáp
2 Tháng 9
아시아파크 대관람차
Vòng quay Mặt Trời

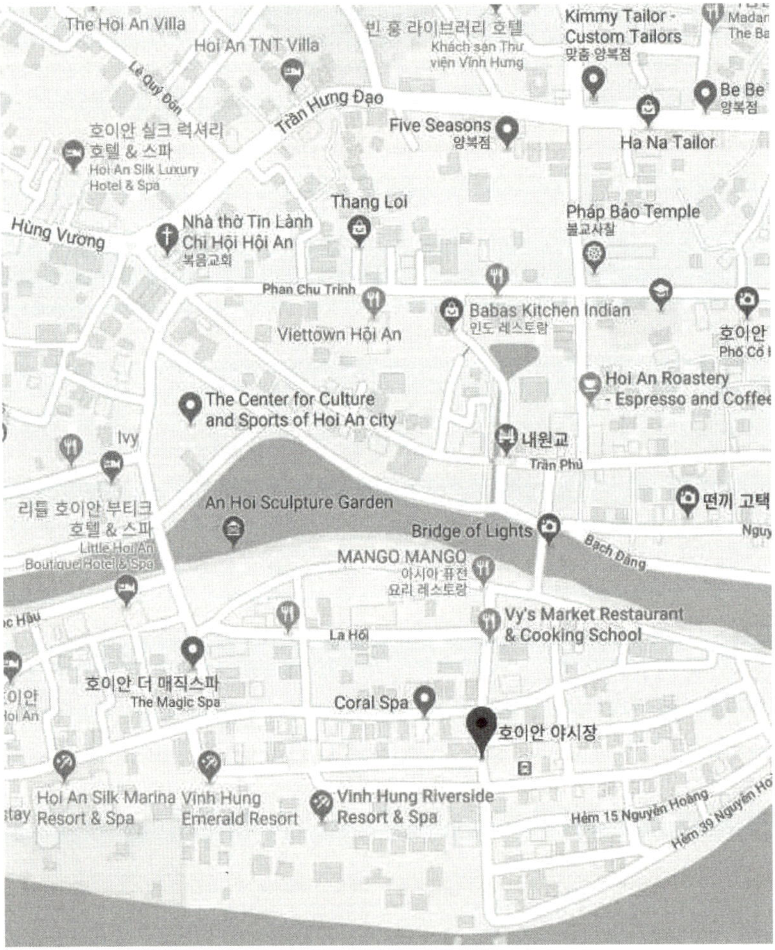
The Hoi An Villa
Hoi An TNT Villa
빈 흥 라이브러리 호텔
Khách sạn Thư viện Vĩnh Hưng
Kimmy Tailor - Custom Tailors
맞춤 양복점
Lê Quý Đôn
Trần Hưng Đạo
Be Be
양복점
Five Seasons
양복점
Ha Na Tailor
호이안 실크 럭셔리 호텔 & 스파
Hoi An Silk Luxury Hotel & Spa
Thang Loi
Pháp Bảo Temple
불교사찰
Hùng Vương
Nhà thờ Tin Lành Chi Hội Hội An
복음교회
Phan Chu Trinh
Babas Kitchen Indian
인도 레스토랑
Viettown Hội An
Hoi An Roastery - Espresso and Coffee
The Center for Culture and Sports of Hoi An city
Ivy
내원교
Trần Phú
리틀 호이안 부티크 호텔 & 스파
Little Hoi An Boutique Hotel & Spa
An Hoi Sculpture Garden
Bridge of Lights
Bạch Đằng
MANGO MANGO
아시아 퓨전 요리 레스토랑
Vy's Market Restaurant & Cooking School
La Hối
호이안 더 매직스파
The Magic Spa
Coral Spa
호이안 야시장
Hoi An Silk Marina Resort & Spa
Vinh Hung Emerald Resort
Vinh Hung Riverside Resort & Spa
Hẻm 15 Nguyễn Hoàng

호치민시내

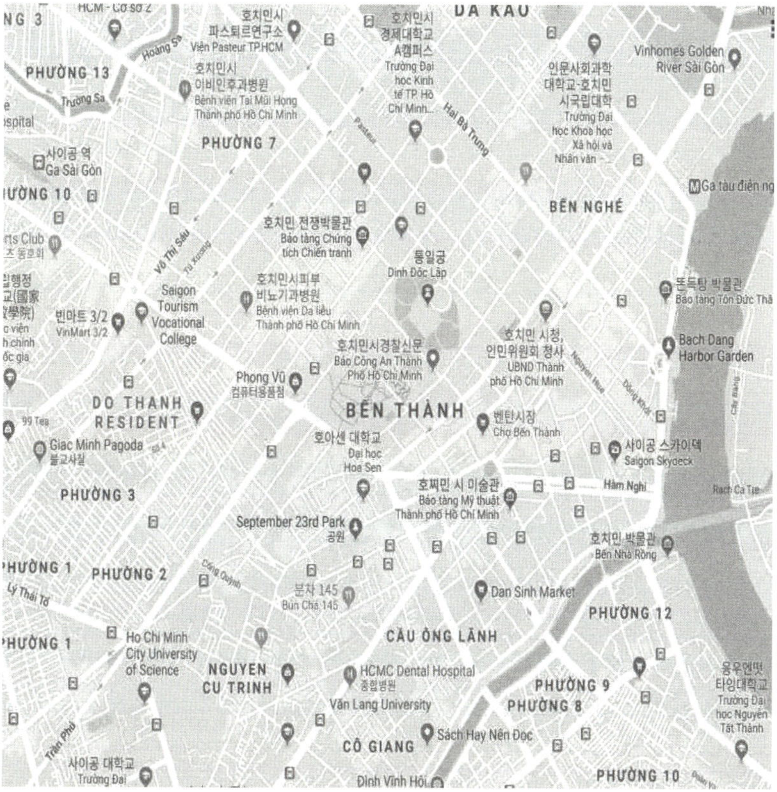

DA KAO
호치민시
파스퇴르연구소
Viện Pasteur TP.HCM
호치민시
경제대학교
A캠퍼스
Trường Đại học Kinh tế TP. Hồ Chí Minh
PHƯỜNG 13
호치민시
이비인후과병원
Bệnh viện Tai Mũi Họng Thành phố Hồ Chí Minh
Vinhomes Golden River Sài Gòn
인문사회과학
대학교-호치민
시국립대학
Trường Đại học Khoa học Xã hội và Nhân văn
PHƯỜNG 7
Hai Bà Trưng
Pasteur
사이공 역
Ga Sài Gòn
BẾN NGHÉ
호치민 전쟁박물관
Bảo tàng Chứng tích Chiến tranh
통일궁
Dinh Độc Lập
Võ Thị Sáu
호치민시피부
비뇨기과병원
Bệnh viện Da liễu Thành phố Hồ Chí Minh
똔득탕 박물관
Bảo tàng Tôn Đức Thắng
Saigon Tourism Vocational College
빈마트 3/2
VinMart 3/2
호치민시경찰신문
Báo Công An Thành Phố Hồ Chí Minh
호치민 시청,
인민위원회 청사
UBND Thành phố Hồ Chí Minh
Bach Dang Harbor Garden
Phong Vũ
컴퓨터용품점
DO THANH RESIDENT
BẾN THÀNH
벤탄시장
Chợ Bến Thành
Giac Minh Pagoda
불교사찰
호아센 대학교
Đại học Hoa Sen
사이공 스카이덱
Saigon Skydeck
PHƯỜNG 3
호찌민 시 미술관
Bảo tàng Mỹ thuật Thành phố Hồ Chí Minh
Hàm Nghi
September 23rd Park
공원
호치민 박물관
Bến Nhà Rồng
PHƯỜNG 1
PHƯỜNG 2
Lý Thái Tổ
Cống Quỳnh
분차 145
Bún Chả 145
Dan Sinh Market
PHƯỜNG 12
CẦU ÔNG LÃNH
Ho Chi Minh City University of Science
NGUYEN CU TRINH
HCMC Dental Hospital
종합병원
Văn Lang University
PHƯỜNG 9
PHƯỜNG 8
응우옌떳
타잉대학교
Trường Đại học Nguyễn Tất Thành
CÔ GIANG
Sách Hay Nên Đọc
Trần Phú
사이공 대학교
PHƯỜNG 10
Đình Vĩnh Hội

참고문헌

- 정수원, CAMBODIA GUIDE BOOK, 보명, 2015년
- 한국수출입은행, 해외경제연구소, Vol. 2017-지역이슈
- 한국수출입은행, 해외경제연구소, 베트남 유망진출산업 분석, 수은 해외경제, 2017년, 여름호
- 한국수출입은행, 해외경제연구소, 우리나라의 對아세안 투자 동향
- Life Plaza, 2018년, 제243호
- 한국무역협회, 한·중 비교를 통한 대베트남 유망 수출품목과 시장 진출전략, 2018년, 49호
- 정수원, 캄보디아 Tourism & Business, 책연, 2019년
- 한국수출은행, 해외경제연구소, 2019년
- KOTRA 홈페이지, 2019년
- KOICA 홈페이지, 2019년
- KOTRA, 베트남 호치민 출장자료, 2019년
- 조선경제, 2019년 10월 28일자
- ENJOY 베트남
- 위키백과
- 두산백과
- ビジネスガイドベトナム, JETRO, 2001年
- わがまま歩きベトナム, ブルガイド, 2004年
- 環太平洋ビジネス情報, ベトナムとの経済関係を強める韓国, 2018年, Vol. 18
- JETRO, ベトナム一般概況, 2019年
- JETRO, ホームページ, 2019年
- JICA, ホームページ, 2019年

저자 약력

정수원(상학박사)

- 동서대학교 국제통상학과 교수(국제경영, 국제마케팅, 창업 등)
- 일본 도요대학 상학부 졸업(상학학사)
- 일본 다쿠쇼쿠대학 상학연구과(상학석사)
- 일본 다쿠쇼쿠대학 상학연구과(상학박사)
- 일본 조사이대학 교환교수
- (전) 동서대학교 국제학부 학부장
- (전) 동서대학교 취업정보실장
- (전) 동서대학교 대학원 교학부장
- (전) 동서대학교 사회교육원 원장

주요 저서

- 현대 국제경제론, 야치오출판(일본)
- 글로벌매너 글로벌경영, 만남출판
- 소자본창업과 경영, 문영사
- 창업과 점포관리, 문영사
- 일본사회·문화, 제이엔씨
- 일본 IT취업 일본어(상·하), 제이엔씨
- 비즈니스 일본어, 제이엔씨
- 캄보디아 GUIDE BOOK, 보명
- 캄보디아 Tourism & Business, 책연 등 다수

사회활동 및 표창

- (전) 산업자원부 서비스품질인증 심사위원
- (전) 중소기업청 소상공인자영업컨설팅 심사위원장
- (현) 부산지방 노동위원회 조정담당 공익위원
- (현) 부산항만공사 심사위원
- 중소기업청장 표창
- 중소기업특별위원장 표창
- 일본 문부성 국비장학생(1989년~1992년)

자격증

- 일본요리사 자격증(일본 사이타마현 지사발행)

집필 후기

베트남을 생각하면 가장 먼저 머리에 떠오르는 것이 월남전쟁이다. 당시 북쪽은 월맹이라 불렀고, 남쪽은 월남이라 불렀다. 미국의 요청에 의해 한국 군인들이 파병되어 많은 젊은이들이 베트남전쟁으로 희생되었다. '맹호부대, 백마부대, 청룡부대' 등 군인들이 월남으로 파병되었을 때 다시 살아서 돌아온다는 보장이 없어 가족들은 파월장병들을 환송하며 태극기를 흔들었던 때가 어제 일과 같다. 파월장병 가족들은 하루하루를 눈물로 보냈고, 파월장병들 덕분에 한국은 보상 받은 돈으로 경제발전에 사용하였다. 지금 한국이 잘 먹고, 잘 살고 있는 것은 파월장병들이 베트남전쟁에 참가하여 피와 땀을 흘리며 희생되었기 때문이라는 것을 절대 잊어서는 안 된다. 또한 지금도 베트남전쟁에 참여하여 살아서 돌아온 파월장병들 중에는 고엽제 피해로 인하여 투병생활을 계속하고 있다.

수년전만 하더라도 먹을 것이 없어 베트남의 어린 아이들은 관광객이 탄 버스만 보면 달려와 1달러를 달라고 손을 내밀며 구걸을 하는 모습이 지금도 생생하다. 한국도 6.25전쟁 이후 미군들에게 먹을 것을 달라고 구걸한 적이 있다. 그리고 미국이 원조해준 옷을 입고, 옥수수가루로 만든 빵을 먹으며 생활해 왔다. 전쟁은 많은 사람들을 희생시키고, 처참한 생활을 만들기 때문에 다시는 이러한 비극이 일어나서는 안 된다고 생각한다.

전쟁으로 인하여 폐허가 된 베트남은 '도이모이정책'으로 외국자본과 기술을 적극적으로 받아들이고, 경제발전에 노력을 하고 있다. 현재 한국은 베트남에서 최대의 투자국이 되었다. 베트남을 방문할 때마다 한국의 옛 모습을 거울 속에서 보는듯한 느낌이 든다.

한국과 베트남은 우호적인 관계를 유지하고 있으며 한국의 많은 관광객이 베트남을 방문하고 있다. 또한 베트남의 많은 젊은이가 한국의 선진기술을 배우고자 한국에 오고 있다. 한국과 베트남은 과거에 전쟁 참여로 인한 불미스러운 일이 있었지만, 베트남에 진출한 한국기업이 성공하기 위해서는 베트남을 이해하며 많은 것을 알고, 배우며 지속적인 연구로 한국과 베트남 간에 우호적인 관계가 계속 유지되기를 기대한다.

베트남 관광 & 비즈니스

2019년 12월 23일 초판 인쇄
2019년 12월 30일 초판 발행

저 자 | 정수원
발행인 | 최익영
펴낸곳 | 도서출판 책연
주 소 | 인천광역시 부평구 부영로 196, 10동 1007호(부평동, 대림아파트)
　　　　Tel (02) 2274-4540 | Fax (02) 2274-4542

ISBN 979-11-965715-9-7　　03980　　　　정가 15,000원

저자와 협의 하에 인지는 생략합니다.
잘못 만들어진 책은 구입하신 서점에서 교환해 드립니다.